高校教师教学发展译丛

高等教育
循证教学

Evidence-Based Teaching
for Higher Education

[美] 贝斯·史华兹 Beth M. Schwartz /编
[美] 里根·古隆 Regan A. R. Gurung

刘 皓 /译

重庆大学出版社

图书在版编目（CIP）数据

高等教育循证教学 /（美）贝斯·史华兹
（Beth M. Schwartz），（美）里根·古隆
（Regan A. R. Gurung）编；刘皓译 . -- 重庆：重庆大
学出版社，2021.4
（高校教师教学发展译丛）
书名原文：Evidence-Based Teaching for Higher
Education
ISBN 978-7-5689-2674-4

Ⅰ .①高… Ⅱ .①贝… ②里… ③刘… Ⅲ .①高等教
育—教学研究 Ⅳ .① G642.0

中国版本图书馆 CIP 数据核字（2021）第 096697 号

高校教师教学发展译丛
高等教育循证教学

[美] 贝斯·史华兹（Beth M.Schwartz）
里根·古隆（Regan A. R. Gurung） 编
刘 皓 译
策划编辑：贾 曼 陈 曦
责任编辑：陈 曦 刘志刚　版式设计：陈 曦
责任校对：谢 芳　　　　　责任印制：张 策
*
重庆大学出版社出版发行
出版人：饶帮华
社址：重庆市沙坪坝区大学城西路21号
邮编：401331
电话：（023）88617190　88617185（中小学）
传真：（023）88617186　88617166
网址：http：//www.cqup.com.cn
邮箱：fxk@cqup.com.cn（营销中心）
全国新华书店经销
重庆华林天美印务有限公司印刷
*
开本：787mm×1092mm　1/16　印张：8.5　字数：170千
2021年4月第1版　　2021年4月第1次印刷
ISBN 978-7-5689-2674-4　定价：35.00元

总　序

　　教师教学与教学发展是一项专业活动，高校（及专业院系）、教师（及教学团队）、学生等都是这项专业活动的核心参与者与利益相关者。当我们审视尤其是展望一项专业活动的未来时，通常都会对其所处的内外部环境进行扫描，以此来尽量地发现和确定其所面临的机遇与挑战。经济发展与社会转型（如新自由主义、全球化等）、教育教学改革与发展（如高等教育大众化或普及化、以学习者为中心的教学范式等）、教学理念与技术的更新（如循证教学、教与学的学术等）、学习方法与策略的变化（如深度学习、自主学习等）等都是高校教师教学发展所置身其中的重要内外部环境，只有基于对上述内外部环境的认识与理解，才能更加全面地把握与预见高校教师教学发展面临的机遇与挑战。

　　作为教师教学发展的从业者，同时也是丛书的译者，我们将丛书的读者定位为高等学校中关心和关注教学发展的广大一线教师、教师教学发展从业者以及高等学校教与学相关的专业研究人员。以高等学校教师教学发展面临的机遇与挑战为出发点，我们希望作者、译者、读者都能够尽可能地面向高校教师教学发展的未来，因此在选择书目时会考虑其编著者是否对高等教育改革与发展的内外部环境有足够的认识与理解，对教学发展与学习发展所面临的机遇与挑战是否有全面的把握与预见。该丛书是重庆大学教师教学发展中心整合学校资源，经过较长时间的筛选与审读的，我们确信，第一批遴选的五本著作都能够满足以上两个条件。为此我们与重庆大学出版社合作，陆续推出了"高校教师教学发展译丛"的第一批，包括《高等教育与技术加速——大学教学与研究的蜕变》《新教育——不断变化的世界给大学带来的一场革命》《教师学习与领导力》《高等教育循证教学》《STEM教学实践指南》等经典著作。

　　该丛书既关注宏观的经济与社会发展（如新自由主义经济和新媒体技术），也关注高等教育自身（如高等教育转型发展、学术伦理），最终又落脚在教师的教学策略、学生的学习方式等。《高等教育与技术加速——大学教学与研究的蜕变》基于新自由主义经济与大学之间的纠葛以及世界高等教育转型发展的背景，批判性地分析新媒体技术、学术伦理及其与当代大学教学策略之间的关系，涉及大学外部的"贪婪企业"和内部的"免疫紊乱"，海德格尔和加塞特等对教学的影响，以学生为中心和自下而上的学习方式等诸多方面。作者从其作为学术和行政人员学习和工作过的亚欧大学收集了大量的逸闻趣事，这些故事不仅能够帮助读者更深入地了解这些大学及其人和事，也能够启发读者重新审思新自由主义经济背后的一些理念。

同样是以社会变革为宏观背景，思考技术变革与社会发展、社会重塑与教育变革，在此基础上反观学校、课堂、教学、学习等和教与学密切相关的具体要素，《新教育——不断变化的世界给大学带来的一场革命》的作者提倡"当变革性技术出现并开始重塑社会时，我们必须依靠高等教育为学生的生存做好充分准备"，基于高等教育滞后于社会变革的背景，反对技术恐惧或技术狂热，探讨如何以创造力、协作力、适应性等 21 世纪最重要的生存工具为抓手来改造学校和课堂，从而不仅教会学生如何思考，更要教会他们如何学习。这本书揭示了培养学生的路径和方法，使学生不仅要生存，而且要在即将到来的挑战中茁壮成长，适合所有想要了解为什么以及如何为 21 世纪重新构想大学的人。

相比前面两本著作，《教师学习与领导力》将其关注点直接聚焦到"教师"这一教学最为核心的主体，强调应最大限度地发挥教育体制中教师的主观能动性，强调只有通过不断地加强横向与纵向的学习，教师方可成为优秀的教育者。基于"最好的教育者首先必须是最好的学习者"这一基本立场，通过回顾和梳理加拿大教育改革中所经历的包括由上至下、由下至上、市场驱动等在内的各种改革和发展的尝试，提出并论述了一个适应 21 世纪加拿大教改需求的新颖构想，即"归其所有，由其而发，为其所用"的教师专业发展模式及系统。希望通过借鉴加拿大教育理论专家和实践者在开发教师学习和领导力方面的相关经历和经验，帮助国内同行寻找一个更符合中国国情的教改发展之路。

教与学的学术（Scholarship of Teaching and Learning, SoTL）是近年来高等学校教育与教学的热点，循证教学（Evidence-based Teaching）则是更为新的教育教学理念。《高等教育循证教学》将"教与学的学术"和"循证教学"两者结合起来，探索基于数据驱动的证据来指导教师挑选教学技巧与工具，尝试将 SoTL 的理论研究与教学实践相结合。围绕和谐师生关系、在线教学、新媒体技术等主题全面梳理现有的 SoTL 研究成果，分析现状与问题，并给出基于证据的对策建议，旨在帮助教师挑战教学技术与工具，进一步帮助有志于从事SoTL 的教师明确其在相关领域的出发点和可能的落脚点。本书不仅是针对非专业人士关于如何授课的简略指南，而且还涉及诸如因时制宜地选择教学技术，可以作为指导教学发展从业者组织教学发展工作坊、开展教学咨询的依据。

《STEM 教学实践指南》从一位大学化学专业教师的视角出发，将注意力更多地集中于高校一线教师在教学实践中会直接面对的一些具体的、实际的、操作性的问题。作者以"STEM 教育水平的高低在很大程度上影响着一个国家的创新力和竞争力"为出发点，反思了传统教学方式在促进学生深度学习和能力培养方面的局限，倡导"以学习者为中心"的教学范式，详细分析和阐述了教学设计、教学实施、教学评价这三个阶段中具体的困难与对策。在重点关注学生学习成效提升的同时，探讨学生批判性思维、高效团队合作和自主学习等方面能力的培养。新教师可以从书中学到很多行之有效且容易上手的教学策略，避开雷区，少走弯路；资深教师则可以结合书中内容找到共鸣，引发反思；教学发展和教学管理从业人员则可以借助该书提升工作水平。

本译丛得以实施，得益于重庆大学教师教学发展中心专项资金资助，感谢支持该项目立项和为该项目获得批准而付出辛勤劳动的重庆大学副校长廖瑞金教授、本科生院院长李正良教授。本译丛得以出版，要感谢重庆大学教师教学发展中心黄璐主任、李珩博士、陈圆博士、刘皓博士和重庆大学外国语学院游振声博士以及翻译硕士们的辛勤付出。尽管教师教学发展中心一直在开展教师教学发展项目，翻译国外著作对于教师和学生而言也是一种培育和鞭策，但同时面临着语言、专业及能力等诸多挑战，即便我们努力找到与现实教育场域非常贴切的表达方式，仍可能存在不足与问题，万望各界专家和教师们海涵并指正。本译丛得到了重庆大学出版社总编辑陈晓阳、社文分社社长贾曼、责任编辑夏宇、李定群、陈曦的大力帮助。对参与该项目的所有同事、学界同人、出版社的朋友，以及他们对本译丛能够克服重重困难而得以顺利出版所给予的支持、鼓励以及体谅，我们表示由衷的感谢！最后还要特别感谢我的先生但彦铮，对丛书的翻译工作给予了全方位、大力度的理解与支持。

重庆大学教师教学发展中心作为国家级教师教学发展示范中心，一直关注国际教育发展的动态趋势。该丛书的主要译者都有研修和访学的经历，他们或策划实施或亲身参与了诸如牛津大学举办的"Oxford Faculty Development Programme"、密歇根大学举办的"CRLT Fellows Program"等国际化教师教学发展研修项目，以及台湾大学举办的 ISW（Instructional Skills Workshop）、FDW（Facilitator Development Workshop）国际认证教学发展高级研修项目，这些项目的经历、经验及其本土化应用都极大地促进了学校和区域的教师教学发展。衷心希望本译丛的出版能更好地满足当前教师教学发展研究和实践的需要，为我国教师教育研究和实践做出贡献。

彭　静

2021 年 4 月于重庆虎溪

编著者

苏珊妮·贝克，博士，詹姆斯·麦迪逊大学，弗吉尼亚州哈里森堡市；

威廉·布斯基斯特，博士，奥本大学，阿拉巴马州奥本市；

德纳·邓恩，博士，摩拉维亚学院，宾夕法尼亚州伯利恒市；

罗伯特·费尔德曼，博士，麻省大学，马萨诸塞州艾摩斯特市；

里根·古伦，博士，威斯康星大学绿湾分校，威斯康星州绿湾市；

简·哈罗宁，博士，西佛罗里达大学，佛罗里达州彭萨科拉市；

艾里克·兰德勒姆，博士，树城大学，爱达荷州树城；

安吉拉·列格，博士，加利福尼亚大学，加利福尼亚州里弗塞德市；

瑞安·马丁，博士，威斯康星大学绿湾分校，威斯康星州绿湾市；

李·麦卡恩，博士，威斯康星大学奥什科分校，威斯康星州奥什科市；

莫琳·麦卡西，博士，肯尼索州立大学，佐治亚州亚特兰大市；

钱德拉·麦罗特拉，博士，圣斯科拉斯蒂卡学院，明尼苏达州德卢斯市；

克里斯多弗·波里尔，博士，石山学院，马萨诸塞州伊斯顿市；

迪尔德丽·拉多舍维奇，博士，威斯康星大学绿湾分校，威斯康星州绿湾市；

贝思·史华兹，博士，兰道夫学院，弗吉尼亚州林奇堡市；

兰道夫·史密斯，博士，拉马尔大学，得克萨斯州博蒙特市；

克里斯汀·威斯皮亚，博士，威斯康星大学绿湾分校，威斯康星州绿湾市；

詹妮·威尔逊，博士，佐治亚南方大学，斯泰茨伯勒市；

詹妮·威尔逊，博士，佛罗里达州立大学，塔拉哈西市；

乔吉娜·威尔逊，博士，威斯康星大学绿湾分校，威斯康星州绿湾市。

编者简介

  贝斯·史华兹博士，是兰道夫学院的助理教务长，"凯瑟琳·埃尔曼·杜利森与威廉·杜利森"心理学教授。史华兹于1991年在纽约州立大学布法罗分校获得"认知心理学"博士学位。她早期的工作主要关注儿童证人证言准确性的影响因素，尤其是如何通过法律系统的调整以开展更适合幼儿年龄的面谈。除了一直关注心理学与法律，她还参与了SoTL项目的研究。目前，史华兹已经开展了超过100场次的专业演讲，出版了20份以上的专著、专著章节、同行评议期刊论文。她的文章主要发表在《法律与人的行为》《教与学的学术》等期刊。在兰道夫学院，她教授过1000名以上的学生。史华兹还是兰道夫学院教师发展中心的创建人，并在2000年至2007年担任兰道夫学院教师发展工作的协调人，支持教师开展精练教学的研究项目。通过这些项目，她在兰道夫学院营造起了以讨论SoTL为常态的氛围。在担任助理教务长期间，她仍然坚持继续从事本校的SoTL工作。

  史华兹博士与里根·古伦一起撰写了《优化教与学：实践教学研究》（2009年），与米歇尔·麦考雷一起编著了《儿童虐待：全球视野》（2001年）。史华兹是美国心理学学会会员、心理科学协会会员、心理学教学协会（美国心理学学会第2专门委员会）资深会员、心理学—法律协会（美国心理学学会第41专门委员会）会员。此外，她还是心理学教学协会负责区域会议项目事务的副主任。在兰道夫学院，她主讲"心理学导论""认知心理学""研究方法"，并主持高年级的研究类顶石课程，获评过兰道夫学院2001年的"吉利·拉伦卓越教学奖"，2006年由心理学—法律协会颁发的"杰出教学与指导奖"。

  里根·古伦博士，是威斯康星大学绿湾分校的"哈维·本与乔伊斯·罗森伯格"人类发展与心理学教授。古伦于1996年在华盛顿大学西雅图分校获得"社会/人格心理学"博士学位。他早期的工作关注的是社会支持与亲密关系，研究关于关系亲密者的个人认知如何影响诸如艾滋病感染、怀孕、戒烟等应激源。在此基础上，他现在有三个主要的研究领域：

文化与健康，印象形成与服装，教学心理学。他的教学研究致力于解答"如何优化学生学习"等一些基本问题。他的研究涉及整理关于理解学生学习的现有知识，包括三个主要内容：学生行为（如学习技巧），教学行为（怎样促进学习），以及教学中介方式（如教材与技术），同时关注上述每一个领域的最新研究进展。他已经开展了超过150场次的专业演讲，出版了9部专著，22个专著章节，发表了40篇以上的同行评议论文。他的论文主要发表在《心理学评论》《心理学教学》《人格与社会心理学通报》等。他在绿湾分校、加州大学洛杉矶分校、加州州立大学长滩分校等院校指导了200多名本科生的独立学习，为超过6000名学生授课。2008年夏季，他在普吉特湾大学参加了"全国心理学本科教育大会"，参与了"优化心理学本科课程"工作组的工作。

古伦博士是《健康心理学：一种文化方法》（2010年第二版）的作者，《优化教与学：实践教学研究》（2009年出版）的合著者，《文化与精神健康：社会文化的影响、理论与实践》（2009年出版）、《探索署名教学：学科习惯与思想的教学方法》（2009年出版）的合编者。古伦是美国心理学学会会员，心理学教学协会（美国心理学学会第2专门委员会）的资深会员，教育与培训委员会（美国心理学学会第38专门委员会）主席，绿湾分校教学学术项目的联合负责人。古伦博士在绿湾分校曾获评"卓越教学奖""杰出教师奖""创新教学奖"等教学奖，以及"卓越学术奖"等研究奖。在绿湾分校，他主讲"心理学导论""健康心理学""文化、发展与健康"。他在2011年曾担任心理学教学协会的主席，2003年至2005年担任绿湾分校心理学系的系主任，2006年到2008年担任绿湾分校文理学院的助理教务长，2008年至2010年担任绿湾分校人类发展系的系主任。

致　谢

在本书的构思、创作、编辑过程中，有许多人都做出了重要的贡献。我们要特别感谢美国心理学学会（American Psychological Association, APA）高级策划编辑琳达·玛尔纳思·麦卡特，从我们最初萌发构想到最后的编辑阶段，她都给予了持续不断的大力支持。也要感谢美国心理学学会书刊部的贝思·哈奇，在评审与编辑过程中所给予的重要指导意见。我们还从评审人那里收到了非常有用的反馈，如巴内·贝恩斯与斯蒂文·丘，他们的意见能够帮助我们做出有助于实现本书最初目标的调整。许多我们的学生也参与了本书的创作与编辑过程，包括来自兰道夫学院的卡尔·科菲、阿利克斯·曼达拉卡斯、杰瑞·威尔斯。真诚地感激我们的家人，在交稿时限和重写过程中始终伴随着我们的大力支持，他们帮助我们尽到了对家庭的义务。特别感激来自美国心理学教学协会（Society for the Teaching of Psychology）的支持和鼓励，帮助我们实现与他们的使命"发展教与学的学术"一样的目标。最后，但并非最不重要的，我们要感谢本书所有的编著者，他们为每一章的撰写和重写都花费了大量的时间和精力，才能保证与我们志同道合的读者能够从本书受益，并向读者们提供了关于每一个教学论问题的重要信息。我们希望这一"循证"资源，能够帮助读者进一步优化他们的学生的学习环境。

序　言

威廉·布斯基斯特（William Buskist）

在我开始自己学术生涯的时候，教师或者是用普通书写的方式写笔记，或者是将笔记用打字机逐字逐句地敲打出来。彼时，在办公室使用计算机的教师还很少，在学术场景中使用诸如 PowerPoint、Blackboard 以及因特网等强大的教学工具，也是几十年之后才有的事情。学生上课只需要携带笔记本和笔，并没有无线笔记本电脑、移动电话、MP3 播放器等。由于学习方面的技术也非常有限，学生在课堂上除了听教师讲授和记下寥寥的笔记之外，几乎没有别的事情可以做。

事实上，对于那时的教师而言，除了讲授之外似乎也没有什么其他的选择。跟那个时候的大多数新教师一样，我上课也只会使用讲授法，因为除此之外我别无所知。并没有人会把我叫到一旁，然后告诉我应该怎么讲课，或者告诉我教学是一件多么重要的事情，更不用说教学是一件多么高尚的事情。因为在我的学生时代，我的老师都是用讲授法，我也就如此照做。虽然如此，但那时仍然有一些非常大胆的、有创新性和创造性的教师，如弗雷德·凯勒[1]，敢于试验新的教学方法。相比于想方设法打磨更加精致的讲授，这些教学方法更加关注如何让学生真正地参与到学习过程之中。尽管凯勒或其他一些人在向我们介绍这些教学方法的时候可能并不知道，他们所做的就是我们现在所谓的"主动学习"（active learning）。

能够生活在如今这样的时代是多么幸运，我们不仅可以享受使用现代化技术与促进教与学所带来的空前的益处，还可以有机会更加深入地理解有效教学与学生学习之间的相互关系。事实上，在过去的 20 年间，教与学的学术（the Scholarship of Teaching and Learning,

---

1　Keller, F. S. (1968). "Good-bye teacher ...", Journal of Applied Behavior Analysis, 1, 79-80.

SoTL）已经取得了非常巨大的成就。围绕教学方法、课程设计、学生学习实践、学习成果评估等所展开的大量实证研究，使得我们能够更加深入地（尽管仍然并不全面）认识到教学习惯和实践可以而且的确能够起到促进学生学习的作用。本书最重要的发现之一，即最佳学习（最深入的、最有意义的、持续时间最长的学习形式），源于学习者以某种方式积极地参与到学习过程之中。正如本书中每一章所阐述的那样，此类主动参与对于有效教学与学习的任何方面或所有方面都具有至关重要的意义。

有趣的是，我们关于教与学的已有知识尚未真正地被很多的，可能甚至是大多数的高校教师所使用。因此，有些教师虽然可以教得很好，但对其教学方法为什么是有效的，或者如何让它们更有效，他们仍然知之甚少。更为糟糕的是，有些教师甚至仍不知道有"循证教学"这种方法的存在。我想这一问题的主要原因在于，将那些对日常教学具有立竿见影作用的各种教学方法进行总结、整合、汇编的书籍或出版物仍然屈指可数。尽管现在也已经有很多关于"如何进行"大学教学的书籍，不过它们基本上都倾向于告诉读者如何使用某些具体的教学方法，却并不会解释或阐释这些方法对促进学生学习的功用。这些方法在短期内对培养"教学技术人员"（遵循相关指导意见能够将特定教学策略用于教学的教师）是有用的。然而遗憾的是，它对于推动教学科学的短期或长期发展，即鼓励教师成为教学学术人员（teaching scholars）的作用却非常有限，教学学术人员会以实证证据为基础，决定是否要采用某一具体的教学方法，在使用过程中会对该方法对学生学习的影响进行系统性的探究。

正是因为如此，才突显了本书的重要性。本书的编者汇集了一群优秀的作者，他们既是非常有才华的教师，也是熟谙 SoTL 文献的学者。在整合了各自的实证证据、教学专长、课堂经验等的基础上，他们将 SoTL 研究理论与实践相结合的成果，汇编成一系列向读者提供有助于提升其教学技术与促进学生学习的，最前沿的各种策略。还有一个额外的好处，编者与作者其实也在邀请读者们一起来发现、利用各种能够将 SoTL 研究融入教学的机会。

在阅读本书的过程中我非常享受，同时也受益匪浅。诚然，我刚开始教书的时候还是"微芯科技"（microchip）尚未出现的"黑暗时代"，但本书却教会了我，关于如何做出合理的、循证的教学决策，仍然有很多需要继续学习的地方。它还提醒了我为什么教学如此重要，因为它蕴藏着带给学生丰富多彩的生活和增进学生福祉的可能性。

本书简介

贝斯·史华兹（Beth M. Schwartz）　里根·古伦（Regan A. R. Gurung）

在设计课程或者准备课堂会面的时候，大学教师必须经常就如何让学生参与进来，采用何种策略以最好地辅助学习等事项做出决策。大学教师是怎样决定要采用讲授法或小组讨论法，或是否要向学生提供当天的笔记的呢？他们如何将体验式学习融入课程？他们如何为自己的课程遴选教材，如何组织第一课，又是如何将技术融入课程的？尽管大学教师是各自学科领域里的专家，但他们当中却很少有人接受过专门的教学训练，更少有人有时间从实证研究中寻找教学决策的依据。如此一来，大部分教师在选择教学技术或工具时都是基于如下的考虑：上一次我用的时候似乎是有效的，或者我的老师曾经是这样做的。

现在有越来越多的心理学研究能够为教师如何影响学生学习提供实证的证据。此类研究，即我们所熟知的 SoTL，主要是由大学教授们所开展的。有很多 SoTL 研究都是由心理学教授以心理学的课堂为样本进行的。然而，其实所有学科的教师都在从事 SoTL，他们的研究结论也与所有学科的大学教师相关。

来自 SoTL 的研究发现对大学教师开发新课，决定如何教授特定课程内容，或者优化既有课程等都是非常有帮助的。虽然有很多关于如何开展 SoTL 的指南，如古伦与史华兹，麦金尼等人的著作，但却很少有对 SoTL 的实证结论进行梳理的著作，也很少有基于数据驱动的证据来指导教师如何挑选教学技巧与工具。本书则致力于通过整合 SoTL 结论以帮助教师挑选教学技术与工具，来填补这一空白。它同时也将有助于教师通过现有文献来判断哪些是已知和未知的，从而明确自己围绕某一具体教学问题开展 SoTL 研究的出发点和落脚点。

为了提供最前沿的实证证据，我们要求每一章的作者（他们既是 SoTL 领域的专家，也是非常优秀的教师）针对一个具体的教学议题梳理相关的研究结论，针对一个具体教学技术或工具的使用给出具体的建议，同时指出关于该议题未来 SoTL 研究的方向。每一章都将有助于教师超越已知的最有效的教学技术与工具。我们能够基于 SoTL 的研究结论来做出教学决策，而不是仅凭个人关于有效的经验，或者同伴们基于个人经验的建议。

本书将成为所有大学教师和在大学中从事教师发展工作的专业人员的一份重要资源。对于新教师而言，本书将为他们进行跳出教学内容的思考提供一个重要的起点。本书不仅仅是针对非专业人士关于如何授课的简略指南，还涉及诸如因时制宜地选择教学技术，基于 SoTL 文献进行教学决策等方面的诸多细节。对于已经有教学经验和面临聘任、续聘、晋升的教师而言，本书将帮助他们向评审委员会阐释其教学决策的依据是什么，以及这些依据是基于怎样的实证证据。最后，本书也可以作为大学里教师发展中心的重要资源，此类机构经常与教师一起探讨和追求教学效益的最大化。教师发展中心的主任可以将本书的结论用于组织教学发展工作坊，也可以用于面向单个教师的教学咨询。

本书一共有 8 章。第 1 章，梳理了 SoTL 的简史，阐述了 SoTL 对学生、教师、院系、高校的益处，探讨了 SoTL 与传统研究的异同。第 2 章，探讨了与和谐师生关系相关的重要问题，明晰第一印象的影响因素与构建和谐师生关系所面临的挑战。第 3 章，介绍了包括受众响应系统、播客、博客、维基等在内的教学技术的最佳实践。第 4 章，探讨了设计与实施在线课程时需要考虑的各种因素，例如许多教师关心的在线学习评估和成功的在线学习者所具备的特征。第 5 章，主题是体验式学习，涉及服务学习、实习、本科生助教、课内研究等不同的路径，在讨论与每种路径相关的基于证据的最佳实践的基础上，本章也探讨了每种路径中的学习评价这一重要问题。第 6 章，关注的重要问题是学生学习策略，向教师介绍如何更好地备课和优化课程材料，如何向学生提供关于最有效学习策略的决策咨询。第 7 章，致力于教材遴选的探讨，考察了区分不同教材的诸多变量，并且提出可以考虑使用阅读材料取代教材。第 8 章，关注的是如何记录和呈现教学效能，讨论教师在自我评估中面临的挑战与可选择的策略，学生反馈的作用，以及在聘任与晋升等利益攸关的时刻，如何在超越学生评教的基础上准备一份最有用的评审材料。

本书的目标有两个：其一，探求实际的、有证据支撑的策略，以实现教学效能与学生学习的最优化；其二，激励未来的 SoTL 研究。为此，每一章在结束时，都会提供一份简要的基于实证证据的建议，同时提出针对相关问题未来的 SoTL 研究应当关注的方向。

参考文献

Gurung, R. A. R., & Schwartz, B. M. (2009). *Optimizing teaching and learning: Pedagogical research in practice*. Malden, MA: Blackwell.

McKinney, K. (2007). *Enhancing learning through the scholarship of teaching and learning: The challenges and joys of juggling*. Bolton, MA: Anker.

目录

第 1 章　教与学的学术对教学法选取的益处

兰道夫·史密斯（Randolph A. Smith）

教与学的学术（the Scholarship of Teaching and Learning, SoTL），这一概念虽然比较新，但其相关的历史却已经很长了。更具体而言，SoTL 这一概念得到正式承认的时间并不长，然而各种具有 SoTL 性质的活动却已经持续了相当长的一段时间。尽管一些读者可能已经对 SoTL 较为熟悉，但我还是将用一定的篇幅简要回顾一下它的历史。

SoTL 的早期历史

欧内斯特·博耶以及他的名著《反思学术》通常被认为是现在所谓 SoTL 运动的发端。然而，我想要指出的是，更为准确的说法应该是博耶只是 SoTL 运动的推广者，因为该运动在他提出这一概念之前就已经存在着和发展着。我是这样理解的，博耶的主要目的是要在学术界中强调"教学"的重要意义。他指出："虽然差不多所有的高等院校都宣称自己承担教学、科研、服务三大基本职能，但当真正需要对专业绩效做出评判时，这三者几乎从来都没有等价过。"也是在这个时候，博耶敏锐地察觉到了学术界所存在的一场关于轻视教学的危机。

为了解决"重科研、轻教学"的问题，博耶在 1990 年提出"学术"（scholarship）的内涵应当是大于"研究"（research）的。因此，他用了一个新的概念，即"探究的学术"（scholarship of discovery）来替代当时所言的"研究"，并在此基础上提出了三个关于学术的新概念。整合的学术（scholarship of integration），是一种跨学科的工作，整合就是建立各个学科间的联系，把专门知识置于更大的背景中。应用的学术（scholarship of application），指将研究的结果用于解决现实世界中的问题。最后，博耶提出了"教学的学术"（scholarship of teaching），它不仅指面向学习者的简单的知识传递。博耶还指出一名好的教师会激发学生进行积极的而非消极的学习，鼓励学生成为有批判性、创造性的思考者，进而使学生在结束大学学习之后能够具备终身学习的能力。

学术的教学与教学的学术

博耶所从事的教学学术工作对学术界产生了重大的影响。心理学教学协会（Society for the Teaching of Psychology）一项专案工作的出版物，从心理学角度对教学学术给出了一个定义，使这一概念在心理学领域得到进一步推广。然而，教学学术这一概念多年来也经历了一些演变。其中一个重要的发展是格拉塞克等人在 1997 年出版的《反思学术》（续篇）中提出的一个相关的概念，即"学术性教学"（scholarly teaching）。虽然这两个词表面上看起来差不多，但我更倾向于李其林对"学术性教学"与"教学的学术"所作的概念化比较。作为教师，我们通常以所教的班级为"实验对象"进行教学改革，我们经常以作业、演讲、日程安排等方式来让学生比之前做得更好，这些对于一名关心自己教学的教师来说都是家常便饭。然而李其林所认为的学术性教师，为了更好地催生变化，却以一种有条理的、系统性的方式将这一常见的程序向前推进了一步。如图 1.1 所示，参与学术性教学更像是从事一个研究项目。在尝试教学改革之前，学术性教师会先查阅相关的文献，收集和分析数据以确定这一改革能否真正带来变化，这一系统化的方法与之前所说的经验性方式是截然不同的。

虽然学术性教学是值得称赞的，但我认为它并不能代表博耶彼时所写下的"教学的学术"的意思，而且李其林也曾经区分过二者之间的差别（图 1.1）。学术性教师如果想把自己的工作转变为教学的学术，还必须遵守其他研究者共同遵守的学术规范，研究者们需要先撰写手稿，然后提交同行评议，如果有可能的话再公开发表。一旦发表，他们的工作成果就会成为有关教学的学术的一部分，而这些成果又会帮助学术性教师转变为一名教与学领域的学者。因此，教师在参与学术性教学或教学的学术工作后，他们都可以与同行之间互相咨询 SoTL 事宜。这样的结果完全契合本章的目的，即向读者介绍与教学相关的最佳实践，以帮助他们解决教学中面临的各种问题，选择特定的教学法工具，评估特定的教学方式，使用和实践相关的研究结论，以及识别哪些 SoTL 的研究工作是亟须开展的。

学术性教师

```
┌─────────────────────┐        ┌─────────────────────┐
│ 观察问题（记录基线） │        │     学术性教师      │
└──────────┬──────────┘        └─────────────────────┘
           ↓
    ┌──────────────┐  ←──── ←──── ←──── ←──── ←────┐
    │   查阅文献    │                                │
    └──────┬───────┘                                │
           ↓                                        │
 ┌──────────────────┐                               ↑
 │ 选择/实施课程改革 │                               │
 └────────┬─────────┘                               │
          ↓                                         │
  ┌────────────────┐                                ↑
  │  观察改革效果   │                                │
  └───────┬────────┘                                │
          ↓                                         │
 ┌─────────────────┐      ┌──────────────────────┐  │
 │  与基线作对比分析 │ ──→ │ 撰写有关课程改革的手稿 │  ↑
 └───────┬─────────┘      └───────────┬──────────┘  │
         ↓                            ↓              │
  ┌──────────────┐          ┌──────────────────┐    │
  │  开始下一轮   │          │   提交同行评议    │    ↑
  └──────────────┘          └────────┬─────────┘    │
                                     ↓               │
                            ┌──────────────────┐     │
                            │    展示/出版      │     ↑
                            └────────┬─────────┘     │
                                     ↓               │
                            ┌──────────────────┐     │
                            │    纳入知识库     │ ──→ ┘
                            └──────────────────┘
```

教与学的学术

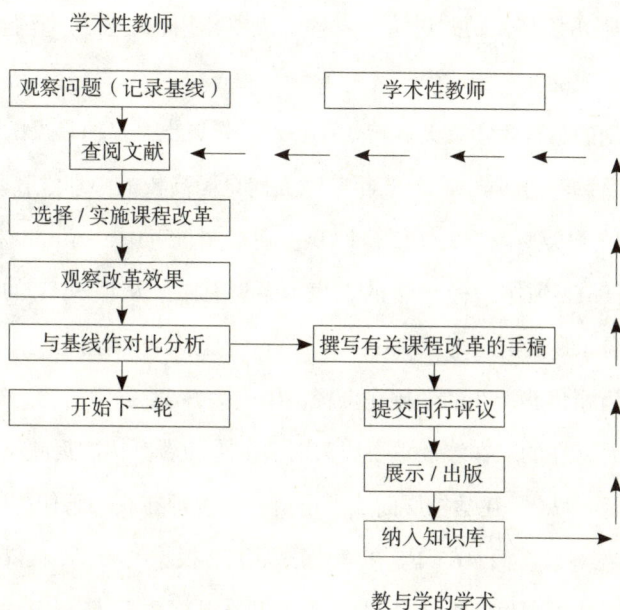

图1.1　李其林关于学术性教学向教与学的学术演进的概念模型

从教学的学术到教与学的学术

　　教学的学术已经演变为教与学的学术，也就是我们常说的 SoTL，也有人称之为"课堂研究"（classroom research）或"教学法研究"（pedagogical research），他们也专门对卓越教学、学术性教学、教学的学术等概念的差别进行过探讨。之所以要在"教"之上加一个"学"，其原因也是很明显的：过去二十年间，教学评估的焦点已经从教师的教转向学生的学。就教学评估而言，如果学生的学习没有发生，教师的教就是没有意义的。一篇关于教学类研究的文献评论中指出：教学评估的焦点已经从仅仅关注教师或教师的教开始转向同时关注教师的教和学生的学（例如关注学生满意度、学习愉悦度等评估结果）。因此，当今如果想要发表相关研究成果，作者必须完整地阐述学生的学习成果，而且是从积极、正面的角度。

　　SoTL 这一概念的历史并不长，最早可以追溯到博耶在 1990 年提出的"教学的学术"，但在短短二十年中，它在不断演变的同时也更加规范化。然而，SoTL 在这二十年中对学术界所产生的影响却是巨大的。例如，早在 1994 年，卡内基基金会开展了一项关于"教师角色与奖励"的再调查后（Carnegie Foundation National Survey on the Reexamination of Faculty Roles and Rewards），公布了一份报告，报告显示约有 78% 的教务长认同"学术"的概念已经拓展至涵盖教师在院校中所从事的所有工作。该报告还指出 62% 的院校认同博耶的《反思学术》在关于教师角色与奖励的讨论中发挥了重要作用，尽管这一调查是在该书出版后尚不到四年的时间完成的。

这一由博耶推动的具有哲学意义的转变在心理学领域也是显而易见的，古伦、安斯博格、亚历山大、劳伦斯、约翰逊等人在 2008 年曾经面向全国高校的心理学教师做过一项调查，共收到来自不同层次和类型院校的 142 份回复。在被调查者中，有 60.9% 的人表示他们所在的系有教师从事 SoTL 工作，有 55% 的人表示系里有鼓励从事 SoTL 的规章制度，67.4% 的人表示系里在评价求职者时会考察 SoTL，以及 60% 的人表示他们的系主任鼓励教师从事 SoTL。也有被调查者指出其所在的学校在全校范围内为 SoTL 提供支持，这种全校范围的支持虽不多见但的确是存在的。在涉及重要决策时，如专业晋升标准反映了 SoTL 的某些原则（54.3% 在院系层面，47.9% 在学校层面），还有一些教师在获得聘任的时候至少部分地受益于 SoTL（61.1% 在院系层面，65.4% 在学校层面）。根据调查结果，古伦等人发现有两个主要的障碍不利于让更多教师投身 SoTL 工作，其一是概念不清，如 73.1% 的教师不清楚哪些属于 SoTL 的范畴，其二是思想负担，如有 80% 的教师认为 SoTL 超出了其本职工作范畴。尽管 SoTL 并没有得到普遍认可，但是至少心理学领域的院系和院校的确从该项工作中受益匪浅。

利用 SoTL 研究的益处

在这一部分，我将要整理一些不同受众所反映的从 SoTL 研究中获取的益处。需要先说明的是，我所指的是直接利用 SoTL 研究成果，而非直接从事 SoTL 研究的大学教师。如前文所述，李其林曾经指出学术性教师在选择与实施课堂干预之前通常会先查阅相关文献。古伦与舒尔茨将之称作一个催生 SoTL 成果利用的过程，或者称为大学教师利用 SoTL 的套路。鉴于此，在论及 SoTL 研究时，我所指的是大学教师阅读和评价有关教学的研究文献的过程，或者是在他们自己的学科，抑或是关于他们想要尝试的教学类型。当发现仅仅阅读文献不够之后，学术性教师还须借助批判性思维进行文献评议，以确定其可靠性和有效性。这一过程与教师平常筛选文献以确定研究主题并没有什么差别。

关于什么是 SoTL 研究仍然存在一些争议，譬如某些人或某些学科倾向于认为所有与教学相关的写作都是 SoTL。尽管任何形式的教学研究都有其潜在的价值，但近年来读者、审稿人、编辑们都越来越希望看到更多的证据类型。现在我们仍然有可能会见到诸如"这是我在课堂上所做的，而且是有效的"或"列举学生喜欢并认为对他们学习有帮助的活动"

等轶事型的文章得以发表，但我认为将之纳入 SoTL 框架之内是有待商榷的。与此同时，我也认为指望在 SoTL 研究中使用如小组随机作业、控制外部变量等严格的实验设计，是不合适的。教学研究在某种程度上是杂乱无章的，这是无法改变的事实，它并不能满足实验室研究要求的所有实验设计程序。然而，我们却可以期望一项好的 SoTL 研究能够从学生的角度准确描述学生学习的增长，正如研究者们所研究过的某一具体教学变量所发挥的作用一样。于我而言，此种对学习的影响就是真正对 SoTL 研究的定义。

对学生的益处

由于 SoTL 旨在促进学生学习，我们可以预见学生在以 SoTL 为取向的教师的课堂上会获得一些益处。学生也应当对那些实在的、热忱的、使用被经验证明有效的教学方法的教师有一个合理的期待。

学习的保证

在那些利用 SoTL 研究成果的课堂上，学生最基本的受益之处是学习的保证。在此课堂中，教学的基础是经过教师详细审查和同行评议过的 SoTL 成果，教学活动、练习、方法等的效果也是在其他课堂中被验证过的。当教师使用最前沿的教学方法，而且学生也实实在在付出努力的时候，学习就会发生。举例而言，贝里和丘曾针对两种源自实验室研究成果的学习策略，开展过一项 SoTL 研究，证明了丹尼尔和普尔关于"实验室结果同样能被用于教学实践"的观点。第一项学习策略，让学生就第二次和第三次考试之间的学习材料提出问题，以获取额外的学分。提交了问题的学生在第一次考试中比没有提交问题的学生得分更低，然而两组学生第三次考试的成绩已经没有了差别，表明"提问"确实能够帮助得分低的学生提高成绩。第二项学习策略，是为课程材料设计"概念图"（concept maps），同样是关于第二次和第三次考试之间的材料。尽管两组学生在前两次考试中的成绩没有明显的差别，但在第三次考试中，提交了概念图的学生得分超过了未提交概念图的。因此，有理由期望练习了就学习材料进行提问或设计概念图的学生能够从学习材料中学到更多。

另一种能够保证学习发生的方法是施行已经得到教学研究成果支持的课堂制度。例如，如果有相关的规范研究表明在课堂上发短信的学生比没发短信的学生表现更差，那么教授就有正当的理由在课堂上禁止学生发短信。同样地，如果有相关的研究作支撑，学生也会更加积极地接受该项禁令，而不是将之视作一个教师随意提出的、武断的、毫不相关的规则。弗里德曾做过一项课堂中使用笔记本电脑的研究，并验证了其与几项学习测量结果之间的负相关关系。因此，教学者就能正当地禁止在课堂上使用笔记本电脑，同时也能够向学生展示相关的数据，以阐明其规则的合理性。同样地，一位统计学教师在给学生布置课外作业之前，如果能够引用相关的研究成果来证明完成课外作业的学生能够将统计学学得更好，那么学生就不大可能将课外作业视作繁重的负担。

高效、热忱的教师

多年来，管理者一直都以"开展研究能够让教师表现更好而且更加热忱"为信条，要求教师一定要参与学术工作。如果这一信条是真的，是不是更有理由相信，如果教师在课堂中使用他们亲自学习过或测试过的技术，会让教师变得高效和热忱呢？布斯基斯特等人的研究成果表明，在由教师和学生同时列出的"成熟教师必备的 10 项特征"中，热忱是其中之一。有趣的是，在对 1974 年至 2006 年间发行的《心理学教学》（*Teaching of Psychology*）的所有期刊论文中的"教学活动"进行荟萃分析后，汤可和福尔斯发现诸如融洽、即时、工作同盟等都是教师热忱的源泉，也可能会对教师的教学效果产生重要影响。在另一份关于成熟教师必备特征的名单中，"熟知教学主题"被学生排在第二，被教师排在第一。显然，那些在课堂中使用自己提倡的或实验研究过的教学方法的教师，更加熟悉自己的教学主题。

对教师的益处

正如学生能够从基于 SoTL 的教学中获益，教师自己也能够从中受益。教师能够确保自己所使用的是最佳实践，而且他们能够让学生学到更多。

最佳实践

依靠 SoTL 研究来发现和实施课堂技术与教学活动的教师，能够确保他们正在开展的是课堂的最佳实践。正如治疗师和医师不会使用未经证明的治疗方法一样，负责任的教师也会使用他们确认有效的教学方式。在医学领域，临床心理学、健康心理学等都在朝着"循证"（evidence-based）治疗的方向发展，教师难道不应该也如此做吗？为了帮助教师选择适当的教学方法，心理学教学协会从 2002 年开始举办了一系列的"最佳实践"会议，特别关注如教育评估、普通心理学、研究方法与统计、文化与多样性、批判性思维、开始（新生入门指导、导论）与结束（顶石课程、研究性学习、习明纳）、技术融入教学等主题。同时，为了方便任何地方的教师都能够从这些会议中受益，主办方还专门将每一次会议的相关资料结集出版。每次会议的组织者都会先对会议议程进行审议，并邀请在相关主题有最佳实践经验的教师到会分享。

学生学习

除了确保自己所实施的是最佳实践之外，教师所获得的另一益处是他们能够让学生尽可能学到更多。何为学到更多？即学生在特定的课程中表现更优秀，进而会对教师和课程有更高的满意度和幸福感。任何一名教师都会觉得让学生在课堂中更成功、更满意、更幸福是令人向往的。例如，有研究者对学生眼中的"联结教学者与课堂的10项变量"进行过调查，发现"学生所感受到的学习"和"学生的课堂愉悦度"之间的相关度最高。汤可与福尔斯对差不多200种公开发表的关于教学活动与方法的评论文章进行荟萃分析后，发现这些活动中存在一个平均的介质效应量。

对院系和院校的益处

很难想象在当今时代存在着未受评估运动所影响的院系或院校。地区认证机构是推动评估运动的主要力量，而且他们将"对学生学习的奖励"纳入了其认证标准中。在预算收紧的年代，州级立法机关、理事会、学生家长都要求加强对学生学习的问责。通过使用经过课堂测试的、有效的教学方法，教师与院系在评估报告中能够更容易证明学生的学习成绩。就我个人的经验而言，相比其他某些学科，心理学领域的教师对评估要求的心态是更加开放的，因此，许多心理学院系都是"有意义的评估计划"的模范，心理学教师与院系也经常在院校层面担任教学评估计划与实施的领导者。这种领导是受到如系主任、教务长等管理层所认可和鼓励的，有时甚至给予奖励。

下面一部分将讨论此类工作的一些潜在益处。

小　结

希望以上对使用 SoTL 研究成果的介绍能够对高等院校的教师有所帮助，同时我也诚挚地推荐尚未参与学术性教学的教师能够投身其中。如今，已经有大量与教学相关的研究成果，我们也能很容易地从中找到不同教学领域的最佳实践以及相关建议。除了仅仅依靠感觉或本能之外，教师还应当从教学文献中探索资源，只要能够确保你的教学符合那些基于研究所给出的建议，你所从事的就是学术性教学。你、你的学生、你所在的院系、你所在的院校都将会从相关的变革中受益。

参与 SoTL 工作的益处

实际从事 SoTL 研究的教师都能够享受到此类研究所带来的大部分益处。下面我会列出一些可能的益处，但这也只是一部分而已，因为可能还有很多尚不明确的益处。教师参与实验室研究，是源于各自不同的理由，并且也会得出各自不同的结论，从事 SoTL 研究亦然。

职务聘任与晋升

尽管我在之前引用的数据显示并非所有的院系或院校都会重视 SoTL 工作在聘任与晋升中的价值，但现在看起来有超过一半的学术单位的确会对教师的 SoTL 工作给予奖励。开展研究的教师会因此获益，也会从他们的学生身上获益，并以此在各自所在的院校谋求聘任与晋升。基于这样的制度，与 SoTL 相关的出版物乃至会议发言都有可能在教师的专业发展中发挥作用。由于聘任与晋升通常与薪资挂钩，因此从事 SoTL 研究也有可能会为教师带来更多的薪酬。

专业认可与声望

过去发表过 SoTL 成果的教师可能已经成为其所在学科领域的教学评估或教学学术专家。这样的名声能够带来更多的专业发展机会，这些机会又将有助于提升其专业声望，同时也会被其所在的院校认可，进而使其在聘任、晋升、绩效工资等诸多事宜中获益，两者相互促进。例如，我知道有一位拥有此类名声的教师成为各种以评估为主题的会议的主题发言人、专著的章节作者、院系的外部评审专家、地区认证机构的评估专家，等等。

此外，成为知名的 SoTL 专家也有助于成为以 SoTL、教学评估或类似活动为主旨的专业组织的领导人。例如，期刊可能会邀请拥有此类专长的人作为其编委会成员，这些期刊包括专门以 SoTL 为主旨的，如《International Journal for the Scholarship of Teaching and Learning》《Journal on Excellence in College Teaching》，也包括涉及 SoTL 工作的其他学科的期刊。他们也可能会被选举为以 SoTL、教学评估、学生学习等为主旨的专业组织的官员，或者成为心理学教学协会举办的最佳实践会议的组委会成员等。而且，参与上述活动同样也会被其所在的院校认可。

行政职责

从事基于 SoTL 学术的教师可能有机会在院系或院校层面获得行政职位。从系主任的角度而言，有一位致力于院系层面教学评估工作的协调人，与其说是奢侈的，更不如说是必需的。让一位日理万机的系主任来负责院系层面的教学评估工作，可能往往是事倍功半的，因而拥有评估专长和经验的教师，将有机会专门负责院系层面的教学评估，而这种工作就带有一定的行政色彩。当然，他们同样也有机会成为整个学校层面的教学评估协调人。一些教师对从事行政工作是好奇的，协调人这样的职位既能为他们提供一个牛刀小试的机会，又不至于让他们像系主任那般完全卷入行政工作当中。退一万步来讲，有 SoTL 专长和经验的教师至少有可能在院系、院校层面的教学评估委员会中谋得一席之地。

对学术共同体的益处

尽管从事 SoTL 研究的大部分益处主要是由直接从事相关工作的单个的教师所享有，但对于学术界而言至少有一个主要的共同的益处。正如伯恩斯坦所言，有才的人在学习每一个学术术语时都能够找到其独特有效的方法，而传统上这样的方法通常是已经失传的。他的这一表述有力地证明了尽管学术性教学对于教师而言是有益的也是必须要走过的一步，但还不够。从事 SoTL 工作有助于传承与教学相关的知识，同时也有必要建立每一研究领域的知识库，如此研究者就不必一次又一次地重新发明轮子（reinvent the wheel），做没有意义的重复性工作，对于教师亦然。如果我是第一次讲授一门新课，或者当我发现学生遇到一个很难克服的学习主题，我能够从已有的文献中找到此类情形中解决问题的方法。有许多期刊都致力于或涵盖了 SoTL 这一主题，院校的教学中心（teaching centers）也可能会在其网页上列出推荐的清单，教师也可以通过参加与 SoTL 相关的会议来获取信息，从而将之用于各自的课堂教学实践。

小　结

在讨论了 SoTL 工作的益处之后，我对大学教师的建议也就呼之欲出了。我建议你在完成向学术性教学的转变之后，考虑开始一系列的基于 SoTL 的研究。这将有助于你成为一名更有效的教师，因为你能够判断你的学生是否可以通过你（或其他教师）所开发的学习策略真正受益和学到更多。因此，除了阅读、了解其他教师所做的研究之外，你也应当行动起来，着手自己的研究，这将会为你带来很多收益。当然，在真正开始之前，建议你再回顾一下我在表 1.1 当中总结的有关 SoTL 的最佳实践。

表 1.1　基于证据的建议

- 在 SoTL 中，所有教师都将之作为教学改革常规的、基础的、典型的实验方法，采用更多的有意图的方法。
- 在正式开始一个 SoTL 项目之前，先彻底地阅读相关文献。
- 努力构建一个对照组，以便比较。
- 尽管学生愉悦与满意度是重要的变量，但更要关注实际学习。

从学术性教学转向 SoTL，将研究成果提交同行评议并发表。

SoTL 研究与传统研究不同吗?

对这个问题简单的回答就是:同,也不同。事实上,包括 SoTL 研究在内,任何教学研究,都不可避免地不同于传统的实验室研究。前已述及,教学研究从某种程度上讲可能确实是杂乱无章的,因为它并不能满足有严格控制条件约束的实验室研究的所有要求。那难道因此就要对 SoTL 一票否决吗?如果有研究者说"是的",那么他可能就是在否认现实世界中的许多正在进行的应用研究。当在教授描述性与相关性研究方法时,我会问我的学生:"如果我们不能在诸如性别、个性等变量之间建立起因果关系,就意味着我们必须放弃并不再研究相关的主题吗?"当然不是,而这对研究教学与学习的效应也是同理的。

SoTL 研究也有与传统研究不同之处。李其林曾指出,在设计教学改革时一名学术性教师与其他领域研究者所经历的步骤是相同的:发现问题或疑问,构建基线,查阅文献,选择与实施干预,测量与记录观察,分析结果,与基线作对比。对于 SoTL 而言,研究者将结果提交同行评议,结果发表后,他们的数据与结论会成为有关教与学知识库的一部分。同样,虽然是杂乱无章的课堂研究,但如果有足够的创造性,也可以做出因果性的解释。尽管几乎不可能将学生进行随机分组,但却可以通过对潜在外部变量如智力(SAT 或 ACT 成绩)的测量,对时间的控制(同一课程内两个小组的教学在相同或相似的时间完成)来构建"组间平衡"(equivalence of groups)。另外一种构建学生组间平衡的策略是根据相关变量进行分组。随机分组固然有助于在基于未知变量的分组中构建组间平衡,但基于重要潜在外部变量构建组间平衡以保证公平却是不大可能的。如果想要通过组间的对比,以得出教学干预的试验性结论,可行的方法是从前一学期的学生或教授相同或相似课程的同事的班级中选取对照组。因此,SoTL 的研究方法其实与最大程度地保持传统研究领域所使用的研究方法一致。

教与学学术研究或教学研究的发展趋势

对于一个想要从事 SoTL 或教学研究的教师而言,一个好处就是这一领域方兴未艾,可以从很多方面切入,很多路径可以选择,并为之做出贡献。将学生学习评估作为各种教学法的一项功能,这一趋势也是最近才兴起的,因此可以说它为开展相关研究几乎留下了无限的空间。

更为具体地说,当前有几个主题领域亟须开展实证研究。尽管从逻辑上讲, SoTL 研究肯定会与评估结果建立起联系，但我确信目前我尚未见到有任何研究做到了这一点。另一个多产的研究领域是将来自实验室的研究结论运用到真实世界的课堂中，以判别实验室里建立起来的原则对真实世界的学生学习是否有效。最后，目前缺乏有关学生学习的理论模型，这样的理论模型将有助于教师对他们在课堂中所实施的教学策略的效果做出有意义的预测。此类理论模型的开发将会促进 SoTL 的技术进步，也有助于 SoTL 在学术界受到更大范围的认可。表 1.2 推荐了几个关于 SoTL 研究的发展方向。

表 1.2　未来研究的方向

- SoTL 与评估结果建立联系了吗？
- 关于学习效果和认知效果的实验结果能够概括真实情境如教室里的情况吗？
- 何种理论能够解释 SoTL 的研究发现？

结　论

尽管 SoTL 事业是相对年轻的，但他却已有一段较长和有趣的历史。使用 SoTL 或参与 SoTL 工作也为我们带来了许多益处。对于那些投身其中的教师而言，其底线可能是"我能否帮助学生学到更多？"另外一个重要的问题是"对于发现和发展教学的最佳实践，我是否有伦理道德层面的责任？"通过参与基于 SoTL 的研究，并在课堂中使用相关结果，投身其中的教师能够明确、自信、响亮地给出回答："是的！"

参考文献

Bain, K. (2004). *What the best college teachers do*. Cambridge, MA: Harvard University Press.

Bernstein, D. J. (2002). Representing the intellectual work in teaching through peerreviewed course portfolios. In S. F. Davis & W. Buskist(Eds.), *The teaching of psychology: Essays in honor of Wilbert J. McKeachie and Charles L. Brewer* (pp. 215-229). Mahwah, NJ: Erlbaum.

Berry, J. W., & Chew, S. L. (2008). Improving learning through interventions of student-generated questions and concept maps. *Teaching of Psychology*, *35*, 305-312. doi:10.1080/00986280802373841

Boyer, E. L. (1990). *Scholarship reconsidered: Priorities of the professoriate*. Princeton, NJ: The Carnegie Foundation for the Advancement of Teaching.

Buskist, W., Sikorski, J., Buckley, T., & Saville, B. K. (2002). Elements of master teaching. In S. F. Davis &

W. Buskist(Eds.), *The teaching of psychology: Essays in honor of Wilbert J. McKeachie and Charles L. Brewer* (pp. 27-39). Mahwah, NJ: Erlbaum.

Cochrane, A. L. (1972). *Effectiveness and efficiency: Random reflections on health services*. London, England: Nuffield Provincial Hospitals Trust.

Cross, K. P., & Steadman, M. H. (1996). *Classroom research: Implementing the scholarship of teaching*. San Francisco, CA: Jossey-Bass.

Daniel, D. B., & Poole, D. A. (2009). Learning for life: An ecological approach to pedagogical research. *Perspectives on Psychological Science, 4*, 91-96. doi:10.1111/j.1745-6924.2009.01095.x

Dunn, D. S. (2008). Another view: In defense of vigor over rigor in classroom demonstrations. *Teaching of Psychology, 35*, 349-352. doi:10.1080/00986280802374039

Dunn, D. S., Beins, B. C., McCarthy, M. A., & Hill, G. W., IV. (2010). *Best practices for beginnings and endings in the psychology major*. New York, NY: Oxford University Press.

Dunn, D. S., & Chew, S. L. (2006). *Best practices for teaching introduction to psychology*. Mahwah, NJ: Erlbaum.

Dunn, D. S., Halonen, J. S., & Smith, R. A. (Eds.). (2008). *Teaching critical thinking in psychology: A handbook of best practices*. Malden, MA: Wiley-Blackwell. doi:10.1002/9781444305173

Dunn, D. S., Mehrotra, C., & Halonen, J. S. (Eds.). (2004). *Measuring up: Educational assessment challenges and practices for psychology*. Washington, DC: American Psychological Association. doi:10.1037/10807-000

Dunn, D. S., Smith, R. A., & Beins, B. C. (2007). *Best practices for teaching statistics and research methods for the behavioral sciences*. Mahwah, NJ: Erlbaum.

Dunn, D. S., Wilson, J. H., Freeman, J., & Stowell, J. R. (Eds.). (2011). *Best practices for technology-enhanced teaching & learning: Connecting to psychology and the social sciences*. New York, NY: Oxford University Press.

Dunn, D. S., Wilson, J. H., Gurung, R. A. R., & Naufel, K. (Eds.). (in press). *Hot topics: Best practices in teaching controversial issues in psychology*. Washington, DC: American Psychological Association.

Fried, C. B. (2008). In-class laptop use and its effects on student learning. *Computers & Education, 50*, 906-914. doi:10.1016/j.compedu.2006.09.006

Glassick, C. E., Huber, M. T., & Maeroff, G. I. (1997). *Scholarship assessed: Evaluation of the professoriate*. San Francisco, CA: Jossey-Bass.

Gurung, R. A. R. (2012). Consuming scholarship of teaching and learning: Using evidence-based pedagogy ethically. In R. E. Landrum & M. A. McCarthy(Eds.), *Teaching ethically: Challenges and opportunities* (pp. 67-76). Washington, DC: American Psychological Association.

Gurung, R. A. R., Ansburg, P. I., Alexander, P. A., Lawrence, N. K., & Johnson, D. E. (2008). The state of the scholarship of teaching and learning in psychology. *Teaching of Psychology, 35*, 249-261. doi:10.1080/00986280802374203

Gurung, R. A. R., & Prieto, L. R. (2009). *Getting culture: Incorporating diversity across the curriculum*. Sterling, VA: Stylus.

Gurung, R. A. R., & Schwartz, B. M. (2009). *Optimizing teaching and learning: Practicing pedagogical research*. Malden, MA: Wiley-Blackwell.

Gurung, R. A. R., & Schwartz, B. M. (2010). Riding the third wave of SoTL. *International Journal for the Scholarship of Teaching and Learning*, 4(2). Retrieved from http://academics.georgiasouthern.edu/ijsotl/v4n2/invited_essays/_GurungSchwartz/index.html

Gurung, R. A. R., & Vespia, K. M. (2007). Looking good, teaching well? Linking liking, looks, and learning. *Teaching of Psychology*, *34*, 5-10.

Halpern, D. F., Smothergill, D. W., Allen, M., Baker, S., Baum, C., Best, D., ... Weaver, K. A. (1998). Scholarship in psychology: A paradigm for the twenty-first century. *American Psychologist*, 53, 1292-1297. doi:10.1037/0003-066X.53.12.1292

Huber, M. T., & Hutchings, P. (2005). *The advancement of learning: Building the teaching commons*. San Francisco, CA: Jossey-Bass.

Hutchings, P., & Shulman, L. (1999). The scholarship of teaching: New elaborations, new developments. *Change*, *31(5)*, 10-15. Retrieved from http://www.carnegiefoundation.org/elibrary/scholarship-teaching-new-elaborations-new-developments

Irons, J. G., & Buskist, W. (2008). The scholarships of teaching and pedagogy: Time to abandon the distinction? *Teaching of Psychology*, *35*, 353-356. doi:10.1080/00986280802373957

Melnyk, B. M., & Fineout-Overholt, E. (2005). *Evidence-based practice in nursing and healthcare: A guide to best practice*. Philadelphia, PA: Lippincott Williams & Wilkins.

Pan, D. (2009). What scholarship of teaching? Why bother? *International Journal for the Scholarship of Teaching and Learning*, *3*(1). Retrieved from http://academics. georgiasouthern.edu/ijsotl/v3n1/invited_essays/_Pan/index.htm

Richlin, L. (2001). Scholarly teaching and the scholarship of teaching. In C. Kreber(Ed.), *Scholarship revisited: Perspectives on the scholarship of teaching* (pp. 57-68). San Francisco, CA: Jossey-Bass.

Smith, R. A. (2008). Moving toward the scholarship of teaching and learning: The classroom can be a lab, too! *Teaching of Psychology*, *35*, 262-266. doi:10.1080/00986280802418711

Tomcho, T. J., & Foels, R. (2008). Assessing effective teaching of psychology: A metaanalytic integration of learning outcomes. *Teaching of Psychology*, *35*, 286-296. doi: 10.1080/00986280802374575

第 2 章　营造课堂和谐，促进学生学习

詹妮·威尔逊（Janie H. Wilson）

肖娜·威尔逊（Shauna B. Wilson）

安吉拉·列格（Angela M. Legg）

营造和谐的师生关系是成熟教师的特征之一，和谐的师生关系也通常与学生更好的学习态度相关，且也有助于提高学生的学习动机和成绩。相关的研究主要关注于教学情境中已经建立起来并得以维持的和谐师生关系，然而，其实在课程开始之前的准备阶段，教师就可以设计用于营造和谐关系的规则，当然这些规则是在课程大纲所允许的范围内。本章中，我们先界定什么是和谐的师生关系，然后展示能够表明其有助于培育积极学习成果的经验证据，再讨论在课前与课后营造和谐师生关系的途径，最后讨论未来值得研究的方向。

界定与测量和谐师生关系

和谐师生关系，是指教学者与学生之间的一种积极的关系，它包括以友好和关爱为特征的师生互动。以往的实证文献中所使用的"亲近"一词已经开始触及和谐师生关系的概念，所谓亲近是指一种心理状态它可能包括也可能不包括身体上的亲近。和谐师生关系是一个比亲近更大的概念，以亲近为主题的研究已经对那些以与学生营造积极关系为目的的特定行为进行了数十年的研究。有许多研究者已经使用"亲近量表"来进行测量，量表中的指标也阐明了如何将亲近分为两大类：语言行为与非语言行为。语言行为，通过诸如"我们"一类的词汇来构造凝聚力；非语言行为，包括微笑、眼神交流等。尽管有不止一项研究提出非语言和语言的指标所代表的都仅仅是一类因素，但是大部分关于亲近的研究都将两者

区分开来测量。

调查研究的结果显示教学者的语言类亲近与学生动机、学习观念、学习态度等有相关性。当然，也有其他的研究显示非语言类亲近也能够预测学习成果，同样也与学习动机、学习观念、学习态度等相关。另外的研究认为亲近量表代表了两种以上的因素，包括能够预测学习成果的三种语言类与一种非语言类要素。

"触碰"（touch）是量表中没有提到的，但却可能是潜在的有用的非语言类行为。梅尔贝因曾在1969年最早提出过五种非语言的亲近要素：身体方向、眼神交流、身体前倾、距离、触碰。关于触碰是有争议的，原因在于它可能被不当使用，也可以传达多种多样的信息，然而适当的触碰的确有可能传达亲近。事实上，里奇蒙德等人也认为触碰是一种营造和谐关系的重要方式，而且应当将之重新纳入量表当中。

在法国，一位男性教授在统计学课堂上触碰了一名学生的前额，使得整个课堂的参与率得以提高。当然，与美国相比，法国的文化对"触碰"有更高的接纳度，这可能会限制触碰在美国文化中的接纳度。斯特华德与卢普弗在1987年曾对美国的一组大学生作过调查，从中发现了触碰有助于学生更好地理解教学者的教学努力，而且有过触碰经历的学生在之后的课程考试中取得了更高的成绩。在一项更近的研究当中，威尔逊以"在开课第一天与一半以上的学生握手"为考察对象，发现：对于女教师而言，学生对其教学技能给予了更高的评价，也更有可能激发学生的学习动机；对于男教师而言，学生则给予了更低的评价和表现出更低的学习动机。应当注意的是学生自身的文化背景也有可能会影响他们对于触碰的舒适度。

在涉及触碰的相关文献中，教师可以通过几种行为来传达心理上的可获得性。为了规避已有量表的局限，威尔逊等人又开发了一份用于测量"和谐"这一更广概念的量表。和谐量表仅用于表征除亲近量表之外的评教变化，其方差在9%到27%之间，如此一来，营造和谐课堂似乎取决于学生对教师的整体印象。如果教师向学生传达一种积极正向的态度，则有可能取得多种积极的教学效果，而且学生的学习态度、学习动机，乃至学习成绩都有可能得以提高。和谐量表当中有若干与学习成果相关的指标，使得教师有大量的方法可以选择以表达对学生的关注。例如，如果教师不喜欢微笑或称呼学生的姓名，他们可以与学生一对一接触，帮助他们撰写一篇优秀的论文。只要保持"给学生积极印象"的意识，教师就可以选择任何一种表达其关爱的行为方式。

尽管已经有很多关于亲近的文献，研究者们仍需继续考察那些关于非语言亲近的新元素，例如与学生的身体接触。关于"学生对教授的触碰所持有的观点"的一些简单的调查往往传递出"碰触是不好的"一类的信息，但是对教授触碰给出消极评价的学生往往却又是在有过碰触经历之后做出更加积极反应的学生。基于已有的可得的、有效的"师生和谐量表"，可能会衍生出非常多的研究方向。未来的研究可以关注量表的迭代更新，随着各种测试的泛化，量表的指标越来越精简，但对各种具体教学情境的针对性更高，如在线课堂、脸书等其他技术。

和谐：第一印象

第一印象的力量让我们相信师生和谐应当在第一次与学生互动时就建立起来，不论第一次互动是何种形式（如电子的或面对面的）。有研究证据表明沉默、30 秒短视频与期末的学生评教结果存在相关关系。事实上，一些不可控变量，如教授的性别、年龄、个人魅力等，都会很快地影响学生对教学者的印象，在学生对学习的自述中往往也会表达对教师的积极印象（如喜欢教授）。当然教授也可以在与学生见面之前就对不可控因素的影响施加干预，凯利在 1950 年就发现，如果有同伴对一位教授已经给出了"温暖"而非"冷酷"的描述，那么学生将会对这位素未谋面的教授给予更好的评价。基于已有的技术，教学者有很多的机会可以建立积极的第一印象，甚至在开课之前就着手营造和谐的师生关系。

在正式的学期开始之前，诸如 WebCT、Blackboard、电子邮件等技术都能够帮助教学者简单地表达亲近或营造和谐。列格与威尔逊通过对照实验发现，在开课前一周发出一封简单的欢迎邮件，就足以改变学生的学习态度。在第一次课堂会面中，收到欢迎邮件的学生，倾向于认为教学者是一位优秀的、有效率的教师，表现出更高的学习动机，并把教师推荐给自己的朋友。收到邮件的学生甚至相信教学者的备课更加充分，能够将教学材料讲授得更加清晰，他们在整个课程中都表现出更加积极的态度。对女性学生而言，简单的欢迎邮件的影响会持续到学期中或学期末，她们表现出更高的学习动机，对教学者的备课以及教学者对学生表现出的关爱给出更高的评价。此外，就保持率而言，收到邮件的学生明显高于未收到邮件的学生。虽然对学习成绩的影响并不明显，但研究结果的确表明教师可以在开课之前，通过寄发欢迎邮件的方式营造和谐的师生关系。

雅各布森所做的访谈调查也表明积极的第一印象可以在第一次课堂会面之前就得以建立。他在网络社区对受访者进行个别调查，调查他们在网络社交中对他人的印象，以及网络中的印象对他们日后的面对面交流产生了怎样的影响。雅各布森的研究结论是，人们通过网络即时通信形成对他人的印象，这些印象在他们当面交流之后仍然会发挥作用。因此，电子通信（如电子邮件）的另一个益处是，它缺失那些容易让人对他人产生刻板印象的信息，这些成见通常源于种族与个人吸引力。学生可以形成有助于营造和谐的印象，与第一印象相关的那些面对面的变量又会使得之前印象更加清晰。

显然，课程开始前与学生的交流，对教学者营造和谐师生关系而言，是一种低成本的、快捷的方式。然而，积极的第一次课也非常关键。为了实证地考察学生眼中什么是好的"第一课"，伯尔曼和麦卡恩让学生列出他们认为在第一课上教师可以做的最有益的事情，同时也列出他们最不喜欢的事情。调查结果显示，学生最喜欢的事情包括课程进度介绍，教学期望，如何取得好的成绩，教师个人背景和教学风格的简要介绍，以及一个乐于助人和平易近人的教学态度。学生最不喜欢的活动包括浪费课堂时间（如备课不充分，信息琐碎，照本宣科），讲授课程材料，差劲的进度介绍，用满整堂课的时间，布置课外作业，以及表现出对学生漠不关心的态度。

又有研究者对第一课"事务"是否对学习成果产生影响作了实证研究，他们考察了学生的学习动机、课程成绩、对教师效能的理解、对教师的态度等要素。学生分别经历了基于学生偏好和专家建议而设计的第一课。在基于专家建议的课堂上，教师用满了整堂课的时间，布置了课外作业，以一种严肃的方式（如没有微笑的正式陈述）介绍了课程进度。在基于学生偏好的课堂上，教师以一种友好的方式（如微笑）介绍了课程进度，没有布置课外作业，并且提前下课。结果显示，与前一组学生相比，后一组的学生在整个学期中表现出更强的学习动机，在期末考试中也取得了明显更高的成绩。

基于"早期印象会对学生学习产生影响"的假设，赫尔曼等人考察了一项"反向访谈活动"。在课程第一周，几名教师让学生以小组的形式准备访谈问题，以便当着全班同学的面对教师进行访谈，第二组教师则没有如此做。访谈问题都是关于课程目标、课堂规则以及教师的支持性行为。有专门准备访谈问题经历的学生在期末对课程表现出更高的满意度，对教师的教学目标更加清楚，从教师处获得更大的支持。这些发现表明我们应该批判性地看待专家建议，也表明了对在课堂上为了提供最佳实践应该教授什么内容进行实验研究的必要性。

基于前面所介绍的各种研究，我们建议第一课应当包括介绍课程进度与课程期待，向学生传达出支持和关爱的态度（可能是反向访谈），尽量不要快速地进入课程材料的讲授或布置课外作业环节。教师固然应当在整个学期都表现出一种真正的亲近，但第一课的功夫尤其重要，因为它可能会为接下来的一个学期都定下基调。

此时，如果尚不确切地知道积极的第一课会从哪些方面有助于提高学生的学习动机、学习成绩，可以求助于教学学术，教学学术除了能回答这些问题之外，还可以给你更多的帮助。进一步讲，如果教师决定选用电子邮件作为开课前与学生进行第一次接触的方式，研究者还需要考察邮件的最佳内容和时间，以及一封邮件是否足够等问题。

课堂和谐的潜在挑战

课程义务可能会对课堂和谐造成严重的破坏。教师通常要求学生有更好的表现，此中也充满了潜在的冲突。教师必须：（1）要求学生完成；（2）设定最后期限；（3）给予学生反馈；（4）给出不超过100分的成绩，以促使学生反思尚不尽如人意的工作。如果教师希望在整个课程期间维持和谐的师生关系，就非常有必要找到避免冲突的方式，意识到师生之间存在的巨大的力量差别。如果他们不能充分考虑整个学期中潜在的误区，基于积极的第一印象而构建起来的和谐关系可能也会化为泡影。然而，教师可以提前规划，并设定一些有助于维持积极师生关系的课程规则。

社会大课堂

有研究提出，现在的教学者应当采取比早前的同行更加非正式的教学方法，显得更加放松、平易、亲切。该研究认为如今的大学生与他们的父母、其他成年人之间的关系更加亲密，这有助于我们理解为什么教师就与教学内容相关的事件做自我披露（如以个人事件举例）与学生的学习和动机相关。也许学生希望教师在更加个人化的水平上做得更加平易近人，与此相似，学生希望教师能够直呼其名。我们主张与学生建立联结是重要的，但是"友好"并不意味着要和学生成为"朋友"。所谓的"友好"，是指对学生要善良，愿意花时间帮助他们更好地学习，但"友谊"则涉及基于一种平等的关系分享个人的秘密与喜好（威尔逊等人曾专门讨论过在营造和谐师生关系时应注意的道德边界）。当教师致力于课程管理的细节性事务时，往往很难同时做到与学生保持友好的关系，这些细节性事务包括测试与测验，评阅试卷，布置作业，课外交流等。

测试与测验

测试，大概是最让学生焦虑的一种课程经历。教授们需要在保持不影响和谐师生关系的前提下，努力地设计测试并考察测试环境，然而有关课堂测试方面的研究现在还比较少。

学生经常抱怨不公平的测试与评分过程，抑或是考试中出现了意料之外的内容。相应地，教师设计测试时也常常觉得很难找到完美的问题。一种规避争议的方法是舍弃一些问题，例如教学者可以从一份有 50 道选择题的测试中舍弃 3 道题。第二种让学生接受测试的策略是，让学生花 5 分钟的时间为成绩的变化写一份说明，并从课本和笔记中寻找论据。教学者在下一次课快结束时以书面的形式对学生的"说明"进行评阅和反馈。只要可能，教师都应当注意在评分方面避免与学生发生不愉快。

与测试相似，测验也可能会影响师生和谐。为了促进学习，教授们会要求学生在课外时间学习课程材料，如果学生在课外准备得不够好，许多教师都会生气，进而致使和谐受到破坏。然而，同时也是学者的教师应当知道只有持续的准备（分散练习）（distributed practice），而不是抵近考试之前的"临时抱佛脚"（集中练习）（massed practice），才能真正促进学生的学习。

教师提前告知学生会有不定期的临时测验，将有助于学生更愿意做准备，这种做法也是变向鼓励分散练习，从而明显地有助于学生取得更好的测试成绩。其实，使用临时测验的教师本来也知道这么做可能会有损师生间的和谐。学生会勉强地复习笔记，互相抱怨，甚至表达歇斯底里的愤怒。然而，格拉汉姆却认为如果利用得当，学生也会对测验持更加积极的态度，而且他们中的绝大多数都会将测验视作课程学习的良方，乃至可以推广到其他课程的学习。基于这种积极的态度，我们建议在测验时通过以下方式来保持师生和谐：（1）在第一课和课程大纲中就让学生知道他们将会面临频繁的临时测验；（2）向学生解释临时测验的意义，可以将之作为一种有效的学习策略；（3）在测验当天，告知学生他们今天将有机会提高自己的得分；（4）最低的一次得分在期末时不纳入统计；（5）将测验结果作为下一次考试的加分点。

在这一部分，我们列举了很多有待研究的领域。那些已经有丰富经验的研究者的观点也为我们寻找研究问题提供了一个很好的出发点，当然我们还必须要用数据来支撑什么是最有用的测试与测验策略。

论 文

除了测试和测验，教师还会对学生的写作进行评价，然而学生写作当中的抄袭问题最近也成为不利于和谐关系的因素。一种阻止学生抄袭的方法是使用如"turnitin"[1] 这类有抄袭检测功能的网站。该网站可以将学生的写作与网站、书籍、杂志、期刊，以及网站所保存的以往学生提交的写作进行重复率比对。达尔发现学生对教授使用 turnitin 一般都表现出积极的态度，他指出学生对于这一系统让抄袭更加困难感到"高兴"。只有一小部分人表

---

1 由 ROGEAM DIGITAL 推出的一款数字图书馆平台建设产品。——译者注

达了对 turnitin 的忧虑，他们的忧虑源于自己不能规范地标注引文。turnitin 的应用可能有助于减少学生的抄袭，也有助于降低破坏和谐师生关系的可能性，然而这仍需实证调查的验证。

另一种用于减少学术失信行为（academically dishonest behavior）的措施是"诚信守则"（honor code）。尽管并不是所有的院校都有诚信系统，但教学者却可以将之用于任一课程。当教师应用了诚信守则，并与学生解释了诚信守则对考试会产生怎样的影响，学生会更加清楚地理解什么是学术失信行为，进而减少他们在学术写作中的学术失信行为。当然，教学者需要向学生清楚地解释诚信守则在课程中如何发挥作用，并与学生一起讨论学术诚信的重要性。

课外作业

课外作业的完成度能够帮助教师判断学生对学习内容的掌握程度，学生的认知学习水平，预测学生的考试成绩。制订课外作业规则似乎是营造和谐课堂氛围的重要一步。布置过多的课外作业会让学生将教师视作独裁主义者，或者认为教师并不关心学生的其他课外职责。事实上，有研究指出超负荷作业是导致学习倦怠的祸首。布置过少的课外作业同样也有弊端，比如减少了学生从教师处获取关于他们课程学习情况反馈的机会。

为了既能发挥课外作业的积极作用，又不至于过量，研究者可以关注以下几条策略：布置数量合理的课外作业，解释学生必须完成课外作业的理由，对作业给予积极、全面的反馈。有调查研究指出，教师缓慢的评分和发回作业在学生所列举的教师不当行为中排在第5位。此外，课外作业也会影响学习成绩，瑞恩与哈姆斯发现，与平时未收到作业评分的学生相比，收到评分的学生在随后的测验中得到了更高的分数。而且，教师不对作业进行评价会增加学生不提交作业的可能性。最后，教师应当避免接受学生迟交作业，否则对按时提交作业的学生不公平。

课外交流

课外交流通过培养积极的学生态度让师生双方均受益。除了传统的师生互动方式之外，学生在课外还可以通过电子邮件、社交网站、在线聊天等方式与教师互动。然而，我们必须严肃对待课外交流的伦理道德影响。教学者应当为课外交流制定规则，并评估规则的效用。有研究提出，通过网络媒体发送的信息更容易引起误解，因为它没有非语言的或情境的线索。例如，匆忙写就的电子邮件可能会向学生传递出"生气"的信息，而且电子邮件还有其自带的特点，如当中的负面情绪会一直存在，信息可以转发给他人，可以被保存或打印。我们建议教师一方面应当享受通过积极的电子邮件营造和谐关系所带来的益处，同时在撰写邮件时也应当字斟句酌以免向学生传递出可能的消极信息。与学生之间最佳的电子邮件方法仍然有待研究。

除了电子邮件的潜在益处之外，其他基于社交网站的师生互动，如"脸书"也可能影响师生和谐。梅泽和他的同事通过一个脸书账号进行教学者的自我披露，让学生参与者以低、中、高的形式对此披露进行评价，调查结果显示学生对披露水平更高的教学者表现出更强的学习动机和更积极的学习态度。基于同样的方法，他们又发现高自我披露率的情形有助于提高教师的公信力。因此，在脸书上自我披露的教师可能会受到学生更加积极的理解，学生也会表现出更强的学习动机。然而，我们要认识到此类社交媒体上的自我披露同样也会引发伦理道德方面的担忧，比如与学生形成双重关系。此外，参与梅泽调查的学生也注意到，有时教师表达自己的方式并不专业。具体而言，学生希望教师不要表述其政治倾向的细节，不要干预公共墙所允许的评论。学生普遍对公平和善待表示关注，也给出了相关的建议。他们警告教师不要与学生闲聊八卦或暗中监视学生，希望教师尊重他们的隐私权。

综上所述，已有证据表明网络互动可能有助于营造和谐，但互动必须是专业的、有礼貌的，而且必须采取措施以避免伦理道德问题。除非有更多的研究成果发布，否则教授们都应当就网络师生关系制订规则。通过制订良好的网络社交规则，教学者能够主动地应对由这种新型师生互动所带来的伦理道德问题。最后，对网络互动的评估也是至关重要的。

结 论

本章中，我们讨论了和谐的师生关系，包括学生对教师的积极态度，学生更强的学习动机，更好的学习感知，更优的学习成绩。表2.1和表2.2分别总结了强化和谐的最佳实践和未来值得SoTL进一步研究的问题。虽然大部分教授（也包括教学出版物）将成绩作为主要的关注点，我们仍然要强调学生对学习成功的态度和动机与学习是密切相关的。事实上，如果将学习理解为"学生在期末关于学习成绩的自我报告"，那么学生的态度、动机、学习之间的相关关系就是已经被确认的。如果评估结果仅仅是更强的学习动机和更积极的学习态度，那么作为兼备学者与教师双重身份的人，他们就必须认真对待和思考"是否跟学生建立并维持和谐的师生关系"。基于动机、态度、学习之间的联系，回答应该是肯定的。

表 2.1　基于证据的建议

- 在开始第一课之前，给学生发一封欢迎邮件。
- 为学生准备一堂精彩、积极的第一课。
- 在课程第一天避免破冰活动。
- 在保持和谐的前提下，利用随机测验促进学生学习。
- 在保持和谐的前提下，利用在线程序判别写作抄袭。
- 快速评阅并发还课外作业。
- 通过电子媒体与学生进行积极的交流。

表 2.2　未来研究的方向

- 在营造和谐时，教授的适当触碰会产生怎样的影响？
- 在使用电子邮件时，其内容、时间、数量应当如何？
- 从哪些方面构建积极的第一课最有意义？（例如，显得友好，只涉及课程大纲，允许学生提前下课）
- 在规避盲目的破冰活动的基础上，教师如何认识学生？
- 测试或测验如何有利于促进学习并保持和谐？
- 一旦师生关系更加和谐，学生作弊的可能性就会降低吗？师生间的冲突就会减少吗？
- 教授可以通过接受学生不按时提交作业的方式来营造和谐吗？
- 交流的哪些方面或媒体的类型如何影响和谐？一定要当面告知坏消息吗？
- 为了营造和谐，如何确定教师自我披露的数量和主题？教师的类型、学科，乃至年龄等会对此产生不同影响吗？

　　对 SoTL 感兴趣的研究者可以更多地关注对专家建议的有效性进行实证测试。基于前文，在"和谐师生关系"领域内还有下列已经具备研究条件的方向：（1）触碰等教师的亲近行为对学生的影响；（2）在课程第一天或通过电子媒体接触，哪些可能的方式有助于树立良好的第一印象；（3）在不损和谐关系的前提下，什么样的规则有助于教师的课堂管理。教学已经到达了一个令人兴奋的点，即学者型教师实证地考察什么能够真正有助于优化学生的学习态度、学习动机和学习行为。当然，在此类研究开展的初期，仍有大量的问题有待 SoTL 去回答。

参考文献

Altman, I. (1990). Conceptualizing "rapport." *Psychological Inquiry, 1*, 294-323. doi:10.1207/s15327965pli01 04_2

Ambady, N., & Rosenthal, R. (1993). Half a minute: Predicting teacher evaluations from thin slices of nonverbal behavior and physical attractiveness. *Journal of Personality and Social Psychology, 64*, 431-441. doi:10.1037/0022-3514.64.3.431

Andersen, J. F. (1979). Teacher immediacy as a predictor of teaching effectiveness. In D. Nimmo(Ed.), *Communication yearbook 3*(pp. 543-559). New Brunswick, NJ: Transaction Books.

Andersen, J. F., Norton, R. W., & Nussbaum, J. F. (1981). Three investigations exploring relationships between perceived teacher communication behaviors and student learning. *Communication Education, 30*, 377-392. doi:10.1080/03634528109378493

Bain, K. (2004). *What the best college teachers do*. Cambridge, MA: Harvard University Press.

Berrenberg, J. L. (1987). A classroom exercise in impression formation. *Teaching of Psychology, 14*, 169-170. doi:10.1207/s15328023top1403_10

Brown, W., & Tomlin, J. (1996). Best and worst university teachers: The opinions of undergraduate students. *College Student Journal, 30*, 431-434.

Buskist, W., Sikorski, J., Buckley, T., & Saville, B. K. (2002). Elements of master teaching. In S. F. Davis & W. Buskist(Eds.), *The teaching of psychology: Essays in honor of Wilbert J. McKeachie and Charles L. Brewer* (pp. 27-39). Mahwah, NJ: Erlbaum.

Cayanus, J. L., & Martin, M. M. (2008). Teacher self-disclosure: Amount, relevance, and negativity. *Communication Quarterly, 56*, 325-341. doi:10.1080/01463370802241492

Christensen, L. J., & Menzel, K. E. (1998). The linear relationship between student reports of teacher immediacy behaviors and perceptions of state motivation, and of cognitive, affective, and behavioral learning. *Communication Education, 47*, 82-90. doi:10.1080/03634529809379112

Christophel, D. M. (1990). The relationships among teacher immediacy behaviors, student motivation, and learning. *Communication Education, 39*, 323-340. doi:10.1080/03634529009378813

Christophel, D. M., & Gorham, J. (1995). A test-retest analysis of student motivation, teacher immediacy, and perceived sources of motivation and demotivation in college classes. *Communication Education, 44*, 292-306. doi:10.1080/03634529509379020

Cushman, S., & West, R. (2006). Precursors to college student burnout: Developing a typology of understanding. *Qualitative Research Reports in Communication, 7*, 23-31. doi:10.1080/17459430600964638

Dahl, S. (2007). Turnitin®: The student perspective on using plagiarism detection software. *Active Learning in Higher Education, 8*, 173-191. doi:10.1177/1469787407074110

Dempster, F. N. (1988). The spacing effect: A case study in the failure to apply the results of psychological research. *American Psychologist, 43*, 627-634. doi:10.1037/0003-066X.43.8.627

Eagly, A. H., Ashmore, R. D., Makhijani, M. G., & Longo, L. C. (1991). What is beautiful is good, but... : A meta-analytic review of research on the physical attractiveness stereotype. *Psychological Bulletin, 110,* 109-128. doi:10.1037/0033-2909.110.1.109

Frymier, A. B. (1993). The relationships among communication apprehension, immediacy and motivation to study. *Communication Reports, 6,* 8-17. doi:10.1080/08934219309367556

Gorham, J. (1988). The relationship between verbal teacher immediacy behaviors and student learning. *Communication Education, 37,* 40-53. doi:10.1080/03634528809378702

Gorham, J., & Christophel, D. M. (1990). The relationship of teachers'use of humor in the classroom to immediacy and student learning. *Communication Education, 39,* 46-62. doi:10.1080/03634529009378786

Graham, R. B. (1999). Unannounced quizzes raise test scores selectively for midrange students. *Teaching of Psychology, 26,* 271-273. doi:10.1207/S15328023TOP260406

Guéguen, N. (2004). Nonverbal encouragement of participation in a course: The effect of touching. *Social Psychology of Education, 7,* 89-98. doi:10.1023/B:SPOE.0000010691.30834.14

Gurung, R. A. R., & Vespia, K. M. (2007). Looking good, teaching well? Linking liking, good looks, and learning. *Teaching of Psychology, 34,* 5-10.

Heilman, M. E., & Stopeck, M. H. (1985). Being attractive, advantage or disadvantage? Performance-based evaluations and recommended personnel actions as a function of appearance, sex, and job type. *Organizational Behavior and Human Decision Processes, 35,* 202-215. doi:10.1016/0749-5978(85)90035-4

Henslee, A. M., Burgess, D. R., & Buskist, W. (2006). Students' preferences for first day of class activities. *Teaching of Psychology, 33,* 189-191. doi:10.1207/s15328023top3303_7

Hermann, A. D., Foster, D. A., & Hardin, E. E. (2010). Does the first week of class matter? A quasi-experimental investigation of student satisfaction. *Teaching of Psychology, 37,* 79-84. doi:10.1080/00986281003609314

Hevern, V. W. (2006). Using the Internet effectively: Homepages and e-mail. In W. Buskist & S. F. Davis(Eds.), *Handbook of the teaching of psychology* (pp. 99-106). Malden, MA: Blackwell. doi:10.1002/9780470754924.ch17

Jacobson, D. (1999). Impression formation in cyberspace: Online expectations and offline experiences in text-based virtual communities. *Journal of Computer-Mediated Communication, 5*(1). Retrieved from http://jcmc,indiana.edu/vol5/issue1/jacobson.html

Kearney, P., Plax, T. G., Hays, E. R., & Ivey, M. J. (1991). College teacher misbehaviors: What students don't like about what teachers say and do. *Communication Quarterly, 39,* 309-324. doi:10.1080/01463379109369808

Keeley, J., Furr, M. R., & Buskist, W. (2009). Differentiating psychology students' perceptions of teachers using the teacher behavior checklist. *Teaching of Psychology, 37,* 16-20. doi:10.1080/00986280903426282

Kelley, H. H. (1950). The warm-cold variable in first impressions of persons. *Journal of Personality, 18,* 431-

439. doi:10.1111/j.1467-6494.1950.tb01260.x

Legg, A. M., & Wilson, J. H. (2009). E-mail from professor enhances student motivation and attitudes. *Teaching of Psychology*, *36*, 205-211. doi:10.1080/00986280902960034

Lyons, A. (1981). Introducing students to social psychology through student-generated first impressions of the professor. *Teaching of Psychology*, *8*, 173-174. doi:10.1207/s15328023top0803_16

Mazer, J. P., Murphy, R. E., & Simonds, C. J. (2007). I'll see you on "Facebook": The effects of computer-mediated teacher self-disclosure on student motivation, affective learning, and classroom climate. *Communication Education*, *56*, 1-17. doi:10.1080/03634520601009710

Mazer, J. P., Murphy, R. E., & Simonds, C. J. (2009). The effects of teacher selfdisclosure via Facebook on teacher credibility. *Learning, Media and Technology*, *34*, 175-183. doi:10.1080/17439880902923655

McCabe, D. L., & Trevino, L. K. (1993). Academic dishonesty: Honor codes and other contextual influences. *The Journal of Higher Education*, 64, 522-538. doi:10.2307/2959991

Mehrabian, A. (1969). Some referents and measures of nonverbal behavior. *Behavior Research Methods and Instrumentation*, *1*, 203-207. doi:10.3758/BF03208096

Menzel, K. E., & Carrell, L. J. (1999). The impact of gender and immediacy on willingness to talk and perceived learning. *Communication Education*, *48*, 31-40. doi:10.1080/03634529909379150

Moore, A., Masterson, J. T., Christophel, D. M., & Shea, K. A. (1996). College teacher immediacy and student ratings of instruction. *Communication Education*, *45*, 29-39. doi:10.1080/03634529609379030

Myers, S. A. (2004). The relationship between perceived instructor credibility and college student out-of-class communication. *Communication Reports*, *17*, 129-137. doi:10.1080/08934210409389382

Novotney, A. (2010). Engaging the millennial learner. *Monitor on Psychology*, *41*, 60-62.

Perlman, B., & McCann, L. I. (1999). Student perspectives on the first day of class. *Teaching of Psychology, 26*, 277-279. doi:10.1207/S15328023TOP260408

Richmond, V. P., McCroskey, J. C., & Johnson, A. D. (2003). Development of the nonverbal immediacy scale(NIS): Measures of self- and other-perceived nonverbal immediacy. *Communication Quarterly, 51*, 504-517. doi:10.1080/01463370309370170

Roediger, H. L., & Karpicke, J. D. (2006). Test-enhanced learning. *Psychological Science*, *17*, 249-255. doi:10.1111/j.1467-9280.2006.01693.x

Rosenberg, S., Nelson, S., & Vivekananthan, P. S. (1968). A multidimensional approach to the structure of personality impressions. *Journal of Personality and Social Psychology*, 9, 283-294. doi:10.1037/h0026086

Ryan, C. S., & Hemmes, N. S. (2005). Effects of the contingency for homework submission on homework submission and quiz performance in a college course. *Journal of Applied Behavior Analysis*, *38*, 79-88.

doi:10.1901/jaba.2005.123-03

Ryan, R. G., Wilson, J. H., & Pugh, J. L. (2011). Psychometric properties of the professor-student rapport scale. *Teaching of Psychology*, *38*, 135-141.

Schwartz, B. M., Tatum, H. E., & Wells, J. W. (2012). The honor code: Influences on attitudes, behaviors, and pedagogy. In R. E. Landrum & M. A. McCarthy(Eds.), *Teaching ethically: Challenges and opportunities* (pp. 89-98). Washington, DC: American Psychological Association.

Steward, A. L., & Lupfer, M. (1987). Touching as teaching: The effect of touch on students' perceptions and performance. *Journal of Applied Social Psychology, 17*, 800-809. doi:10.1111/j.1559-1816.1987. tb00340.x

Svinicki, M., & McKeachie, W. J. (2011). *McKeachie's teaching tips*. Belmont, CA: Wadsworth.

Wilson, J. H. (2006). Predicting student attitudes and grades from perceptions of instructors' attitudes. *Teaching of Psychology*, 33, 91-95. doi:10.1207/s15328023top3302_2

Wilson, J. H., & Locker, L. (2008). Immediacy scale represents four factors: Nonverbal and verbal components predict student outcomes. *Journal of Classroom Interaction*, *42*, 4-10.

Wilson, J. H., Ryan, R. G., & Pugh, J. L. (2010). Professor-student rapport scale predicts student outcomes. *Teaching of Psychology, 37*, 246-251. doi:10.1080/00986283.2010.510976

Wilson, J. H., Smalley, K. B., & Yancey, C. T. (2012). Building Relationships With Students and Maintaining Ethical Boundaries. In R. E. Landrum & M. A. McCarthy(Eds.), *Teaching ethically: Challenges and opportunities* (pp.139-150). Washington, DC: American Psychological Association.

Wilson, J. H., Stadler, J. R., Schwartz, B. M., & Goff, D. M. (2009). Touching your students: The impact of a handshake on the first day of class. *Journal of the Scholarship of Teaching and Learning*, *9*, 108-117. Retrieved from https://www.iupui. edu/josotl/archive/vol_9/no_1/v9n1wilson.pdf

Wilson, J. H., & Taylor, K. W. (2001). Professor immediacy as behaviors associated with liking students. *Teaching of Psychology*, *28*, 136-138.

Wilson, J. H., & Wilson, S. B. (2007). The first day of class affects student motivation: An experimental study. *Teaching of Psychology*, *34*, 226-230.

Wilson, J. H., Wilson, S. B., & North, E. L. (2009, May). *Professor touch may be detrimental*. Poster presented at the meeting of the Association for Psychological Science, San Francisco, CA.

Witt, P. L., Wheeless, L. R., & Allen, M. (2004). A meta-analytical review of the relationship between teacher immediacy and student learning. *Communication Monographs*, *71*, 184-207. doi:10.1080/03645204200 0228054

第 3 章　如何利用技术促进教与学

克里斯多弗·波里尔（Christopher R. Poirier）

罗伯特·费尔德曼（Robert S. Feldman）

近年来，随着许多创新型技术开始走进大学课堂，技术正在改变我们的本科教育。尽管新技术通常拥有很好的发展前景，大学教师在应用技术以促进优质教学的过程中却仍然面临着一些不小的挑战。在本章中，将为教学者们介绍相关的研究，关于如何将技术引入课堂，以保证教师基于客观的、实证的研究结果做出教学决策。还将介绍博客、维基、即时通信、社交网络等几种主流的技术，以及与这些技术相关的 SoTL 研究成果，将技术融入教学的实践。最后，提出关于如何最优地利用每一种技术的建议，以及未来值得关注的研究方向。

演示软件

演示软件，如微软的 PowerPoint、苹果的 Keynote，已经在高等教育领域广泛流行。演示软件能够帮助教学者制作一份囊括文本、图表、音频片段、视频片段等在内的多媒体课件。演示软件的支持者认为它可以通过促使教学者以线性的、合逻辑的形式来阐述教学主题，从而帮助教学者理清思路。此外，阿珀森等人也发现使用幻灯片软件有助于学生保持注意力集中，提升学生对课程内容的兴趣。而且有趣的是，学生也认为他们更喜欢使用 PowerPoint 的教授。

然而，并不是每一个人对演示软件都持积极的态度。例如，涂弗特就认为 PowerPoint 会简化内容和抑制批判性思考。尽管有诸如此类的批评，但是仍有相关研究表明如果演示软件使用得当，它的确有助于促进学习。梅泽尔和他的同事们曾提出一个关于多媒体学习的理论，并发表了几十份实验结论以支持这一理论。根据该理论，对教学者而言，主要的挑战是要努力避免增加学生的认知负荷。基于之前的实证研究，梅泽尔与莫雷诺提出了一些降低认知负荷的建议。例如，教学者应当通过叙述和化整为零的方式来减少屏幕上的文本。此外，通过删除无关内容（如背景音乐）、提供线索（如标题、箭头）等方式来避免湮没主要内容也是很重要的。进一步讲，在同时使用图像和文本的情况下，教学者应当考虑图像和相关文本的空间排列。如果教学者遵循这些基于理论的建议，学生会对他所讲授的内容有更加深入的理解。

有一些研究也同样表示，相比传统形式，学生更喜欢有 PowerPoint 的授课。然而，从学习成果的角度来看，这些研究的结论就不那么一致了。苏士侃比较了通过"传统幻灯片"和"PowerPoint"两种方式的学习，他发现学生之所以更喜欢 PowerPoint 形式，是因为 PowerPoint 有更好的结构、更加有趣、更令人愉悦。虽然学生更偏好 PowerPoint 形式，但是苏士侃也发现这种教学形式对学生的考试成绩、出勤率、课堂讨论参与等并没有什么影响。他的发现与之前的一项研究结论相似，该研究也指出 PowerPoint 并没有改变学生的学习成果。

尽管有很多的研究都指出 PowerPoint 讲授并未对学习产生影响，不过同时也有另一些研究发现了它的一些积极作用。例如，霍夫与科克伦先用多项选择题做了一个预测试，然后将参与者随机分配到三种讲授情境中：传统讲授、幻灯片讲授、虚拟学习环境（非面对面接触）。他们发现，总体上，在后两种讲授情境中学习的学生比在传统讲授情境中学习的学生学到更多。关于研究结论不一致的一种可能解释是，在考察 PowerPoint 与学生学习相互关系的时候，没有排除其他一些关键因素。例如，苏士侃发现使用多媒体幻灯片的演示能够强化学生的自我效能。学生认为 PowerPoint 演示被精心组织过，因此有助于他们更加容易地记笔记和备考。另有研究表明学生的认知水平和注意力觉醒可能也会影响授课形式与学生学习的关系。同时含有音频和视频片段的演示可能会在更大程度上激发学生的注意力，并激励学生学得更好，学到更多。当然，如果演示使学生的认知超负荷，他们则有可能会学到更少。

一件与使用演示软件以完善讲授相关的事情是，学生倾向于在课前还是课后通过课程网站来获取相关课件。有些人担心学生如果在课前拿到课件，更有可能逃课。然而，最近一项研究指出，能够在课前获取课件的学生并没有比不能在课前获取课件的学生少上课。另一件值得重视的事情是，学生在课前能够获取课件对学习所产生的影响。为了考察获取课件对学生学习的影响，霍夫与科克伦在讲授《普通心理学》的某一章节时，同时在网络上开放了课件的获取，并且不对学生课前或课后获取课件作出限制，在讲授另一章节时，学生只能在课堂上获取课件。他们发现，拥有网络获取途径的学生取得了明显更好的成绩，能够从网络获取课件可能有助于学生在错过课程时能够自己赶上教学进度。不过也有人在对他们的研究进行了修正后，发现是否能够获取课件对学生学习成果并没有什么影响。

还有一个要考虑的重要问题是向学生提供的课件的类型。如果教学者向学生开放课件的获取，那么应当包含什么内容？一些教学者提供完全相同的副本，而有一些则只提供粗略的大纲。有研究发现，相比获得全部课件的学生，获得部分课件的学生在期末考试中表现更好。巴内特也对提供笔记的作用进行了考察，发现得到完整笔记的学生比得到粗略提纲的学生考得更差。因此，不完整的笔记似乎对学生更有利。

尽管演示软件对学生学习的影响效应受到了相当的关注，但是仍然有一些关键问题需要进一步的研究来回答。概括地说，因为大部分研究都是基于非实验或准实验的研究设计，所以有必要进行规范的实验研究。此外，我们很难对之前的研究进行评价与比较，因为研究者们并没有交待他们在幻灯片中加了什么。鉴于梅泽尔及其同事的研究，有必要考察教学者们呈现幻灯片的形式（如文本、图像），同样也包括他们向学生提供的任何补充性信息。再则，在考察演示软件对学生学习成果的影响效应时，还应当将教学者的特性纳入考虑，未来的研究还应关注在课前和课后获取课件对学生行为的影响，包括做笔记和学习。最后，绝大部分研究都只关注 PowerPoint，因此有必要更多地考察其他的软件（如苹果的Keynote）。

受众响应系统

受众响应系统（Audience Response System, ARS）包括一个连接计算机的接收器，一组程控按键，通常称作遥控器（clickers），它可以帮助教学者快速地收集学生反馈。其使用过程如下：教学者要在演示软件（如 PowerPoint）中先准备一些多项选择题；教学者在课堂上通过投影屏幕展示选择题；每一个学生通过遥控器上的按键选择一个答案；学生回答之后，计算机汇整所有答案并以直方图的形式呈现；教师与学生可以实时看到或讨论相关数据。此外，教师还可以留存数据文件备用，学生的回答则可被用于学习评价。

学生对使用受众响应系统一般表现出积极的态度。而且遥控器还有很多潜在的用途。第一，有研究表明使用遥控器能够通过提高学生参与度的方式来改变课堂的力场。第二，因为学生的回答对相互之间是匿名的（如果教学者愿意，也可以对教师匿名），学生可以在没有被品评的状态下参与。第三，学生反映他们在使用遥控器的课堂中更愿意投入精力。

有研究者建议提问的时间最佳间隔是 20 分钟。第四，教学者可以借此在课堂上快速地收集学生的反馈，这些反馈会有助于教师调整教学节奏，根据学生回答所提供的证据判断学生对概念的掌握情况，如有必要则需对学生尚未掌握的概念予以强化。

最后，也可能是最重要的，有几项研究都表明遥控器能够促进学习，尽管相关的证据并不完全一致。例如，梅泽尔等人与莫林等人通过研究发现，使用遥控器的学生在课程考试中明显要表现得更好。另一方面，一些研究并未在提高成绩方面找到证据。各项研究之间的差别可能会导致不同的研究发现。例如，在确实表明对学生学习有影响的研究中，教学者在整个学期都使用遥控器，与此相反，有的人只是在复习单元使用这一技术，甚至有人只是在一次 30 分钟的课上这样做。另有研究者指出，将遥控器融入课堂为考察相关的最佳实践提供了一些线索。

虽然有有力的证据表明遥控器有助于促进教学与学习，但这一技术在使用过程中也存在一些潜在的不足。第一，技术方面的困难可能会影响讲授的流畅，并引发沮丧和担忧。第二，在首次引入受众响应系统的时候，缺乏技术经验的学生可能会表现出焦虑。然而，一项最近的研究发现，尽管技术不熟练的学生相对不那么喜欢遥控器，但相比那些技术纯熟的学生，他们却更加积极地参与了教学，并且取得了更高的考试成绩。因此，遥控器的更低的舒适感可能并不会导致学习的减少（如更低的成绩）。第三，有些学生会认为使用这一技术是浪费时间。最后，很明显地，教师有效的提问是很有必要的，虽然有专门的有效提问指南，但它确实仍然是一项非常耗时的工作。

目前已经有很多关于受众响应系统的研究，但仍然有几个重要的问题需要解决。第一，在考察遥控器效用的同时，也需要关注教学与学习环境中的一些附加因素的效应。例如，学生的个性特点可能会削弱遥控器与学习成果之间的相关关系。第二，需要探索在特定学习情境中，何种类型的问题是最有效的。最后，围绕遥控器开展的研究有一半以上都采用的质性方法，因此有必要开展更多的量化研究，尤其需要就遥控器对不同类别学习成果的影响进行更加精细的分析。

播 客

播客是一个由软件和硬件组成的系统，用以帮助个人获取音频或视频文件。教学者制作课程播客的过程如下：首先，教学者利用嵌入计算机的麦克风和课程录制技术，如由 Tegrity 公司提供的一套收费系统，录制全部或部分课程内容。然后，教学者向学生开放文件的获取路径，有些教学者提供同步的电子课程（如同时播放 PowerPoint 和音频文件），幻灯片会根据音频文件中预先设定的节奏播放。由于课程和幻灯片中的文字的获取均不受限制，学生可以反复地听，做更多的笔记，分别攻克不同的概念。学生还可以通过播客获取大量的消息和其他的教育内容（例如 iTunes University）。

杜克大学率先尝试了高等教育领域的播客，并且发现学生很喜欢，他们也认为这一技术优化了学习环境。然而，很多学生和教师也表达了自己的一些忧虑，其中包括播客对学生出勤率和参与率的影响。最近，有研究提出学生出勤率并未受到影响，另外一些研究也提出学生乐于使用教育播客，认为它们是有助于学习的工具。有趣的是，格里芬等人在他们的一项研究中发现学生更喜欢传统的讲授，但同时也认为有必要将播客作为传统教学的有益补充。

播客能够促进学生学习吗？米金尼等人通过非等值的、测验后的、准实验方法，考察音频课程对本科生学习的影响。每个学生都会收到一份 PowerPoint 的副本，但通过播客学习的学生还会有额外的时长 25 分钟的播客课程。研究发现学习了播客课程的学生在相关考试中取得了明显更高的成绩，当然，只有那些在学习播客课程的同时在 PowerPoint 幻灯片上面做笔记的学生取得的成绩更好。没有做笔记的学生与在传统课程环境学习同时也做了笔记的学生相比，成绩差不多。米金尼等人据此推测，通过播客学习同时做笔记的学生，能够将笔记做得更完整，因为他们能够自己控制课程的节奏（例如，随时可以暂停）。在另一项研究中，格里芬等人发现，相比只能使用分散的媒体文件（例如，一份音频播客与一份 PowerPoint 文档）的学生，能够使用同步课程的学生（例如，PowerPoint 与音频同步）在多项选择题的测试中取得了更高的成绩。研究者据此提出假设，向学生提供分散的文件可能会增大学生的认知负荷，因为它需要学生自己动手完成音频与视频文件的同步。

并不是所有的研究都支持播客有助于促进学习。有研究就发现，相比只阅读了播客中所使用的课程材料的学生，使用播客学习的学生在相关测验中考得更差。他们还指出，播客对于学习课程基本内容可能是低效的，但它对于学习课程补充内容则可能是有效的。

关于播客对教学和学习的影响，还需要开展更多的研究。第一，一个关键领域就是何种类型的课程适用于播客。第二，学生自己制作的教育播客其效益如何。学生自己动手可能会让他们更加积极地参与，可以加深对课程内容的理解。第三，学生如何使用播客学习课程内容。例如，如果学生在学习播客的同时做笔记，他们所做的笔记与在现实的、实时的课堂中学习的学生所做的笔记相比，会更加完整或更加准确吗？第四，播客课程可能也会影响学生的出勤率。前已述及，很有必要通过真正的实验来测量播客对现实课程出勤率的影响。最后，也有必要考察学习者的个性特征（如动机、性格）与播客之间的关系。例如，已有证据表明播客能够增强学习动机，进而带来更优的学习。

在线测试

有许多研究都已经表明，针对学生阅读作业的测试有助于促进学习，而且课堂之外的在线测试能够很好地替代传统的课内测试。约翰逊等人在研究后发现，完成在线测试的学生在最后的考试或期末评学中表现得更好。而且，在线测试既能够节省课内时间，也能够节省教师评阅的时间。此外，最近有研究指出在线测试能够帮助考试焦虑的学生缓解焦虑。

虽然有很多教师都使用在线测试，研究者同时也给出了忠告，即缺乏监督的在线测试并不总是有益于促进学习。例如，采用"以考代学"学习策略的学生并未从在线测试中受益，因为他们是通过从课本中快速查询答案，或结伴完成考试等方式来获得高分的，而并没有真正掌握课程内容。以下介绍几种阻止学生以考代学的策略：第一，有证据表明对考试设定时间限制有助于提高学生的掌握程度。对每一次考试都作出时间限制，学生更有可能选择更有效的策略来学习课程内容。第二，教学者可以准备大量的问题，使得每个学生收到的试卷都是随机生成的，以此来减小他们结伴完成的可能性，促进他们更好地学习课程内容。第三，针对每一个问题都给予反馈，比如相关内容在课本中的位置，这样也会增加大学生掌握课程内容的可能性。最后，如果考虑学术失信问题，那么引入诚信守则也将有助于减少在线测试中的作弊行为。

未来有必要对在线测试的效力进行考察。第一，因为既有研究主要关注多项选择题，未来的研究可以考察小论文、简答题的效力。第二，可以考察那些从在线测试中受益的学生所具有的特征。第三，对几个关键变量（例如，问题难度、时间限制、课程内容）的考察，将帮助我们更好地理解在线测试如何影响学习成果。布拉森等人在 2004 年曾对使用在线测试的最佳实践进行了专门的梳理，如有兴趣可以参阅。

Web 2.0: 博客、维基等

Web 2.0，通常是指万维网（World Wide Web, WWW）的社交性、协作性、交互式运用。Web 2.0 工具，如博客、维基、即时通信、社交网络技术等，可以为教师和学生带来新的协作方式。

博客（Blog），是一种能够让个体在某一网站上公布与发表一系列条目的技术。作为一种教育工具，博客可以帮助教师与学生分享信息、表达观点、合作项目、评论他人。

最近，有教学者已经开始探索将博客用于促进教学与学习。例如，迪鲁德等人使用博客来帮助组词。学生通过博客来分享观点，相互评价，公布任务时间表，相比不使用博客的学生，他们会进行更多的读与写。此外，学生也指出使用博客有助于增强学习动机。在一项最近的研究中发现，通过阅读他人的博客和收到他人对自己工作的评论等方式，博客的确促进了学生的学习。但是，总体上目前很少有研究能够表明博客可以作为一种有效的教育工具，因此需要就博客对学习的影响做更多的实证研究。

维基（Wiki），是由两个以上的人构建的互相链接的网页，如维基百科（Wikipedia）。例如，教师可以在专业协会的（如心理学教学协会）的维基网站上发表自己的教学理念，这种方式有助于促进信息分享。在几分钟之内，而且不需要任何花费，任何个人都可以通过因特网创建一个维基。

使用维基有几个可能的好处。维基可以帮助学生围绕写作主题进行小组协作，进而提升他们的写作技能。在一项研究中，学生指出因为他们知道其他同学都清楚每一个人为小组任务所作的贡献，因此他们都会对写作任务更加用心。再则，维基可能有助于增强"共同体"的感觉，使得学生和教师在课外实现非同步的互动，促进小组项目的完成。教师也能够追踪每一个学生在小组项目中的付出，每一个人也都可以对其他人对最终成品的贡献做出评价。

使用维基也有一些潜在的不足。第一，因为许多学生都对维基的概念非常熟悉，以至于他们在开始接受维基作业时还不能明确教师对作业的真正要求。第二，如果大量的学生同时参与创建一个维基，那么教师很难逐一追踪每个学生所做的修改。第三，有研究已经指出一些学生不愿意修改其同学的工作，另一些学生则因为工作被同学编辑而感到不安。为了克服上述问题，教师应当利用课内时间来让学生完成维基项目。此外，一些低风险的实践练习可能有助于增强学生的信心，也可能让学生更愿意开口提问。最后，教师应当在项目进行过程中给予学生一些建设性的反馈，以促使他们做出更大的贡献和进行更大程度的协作，而不是仅仅在项目结束后给出一个最终成绩。

即时通信（Instant Message），是指两个人以实时同步的方式进行在线互动。尽管很少有教师将即时通信用于教学实践，但它的确有可能成为一种有用的教学工具，理由如下。第一，教学者可以通过即时通信来组织一场虚拟的"接访时间"（office hour），从而增强与学生互动的能力，至少是虚拟形式的互动，而且有可能提高学生的参与度。第二，学生可能通过即时通信，在课外围绕作业与项目进行交流协作。第三，即时通信也可以实现实时的课堂讨论。例如，坎齐等人在课堂上使用即时通信，以鼓励所有学生参与课堂讨论。尽管，学生表示他们受到作业的困扰，但课堂上的即时通信可能是有益的，因为它是一种高效使用时间的方式（例如，学生不需要离开座位去组成一个讨论小组），更少的噪声会降低作业所带来的困扰，而且学生可以保存讨论记录，以备来用。

许多支持社会连接的新兴技术正在出现，它们也给本科教育带来了更多的机会，例如脸书（Facebook）、聚友（Myspace）、推特（Twitter）、虚拟人生（Second Life）等。教师可以为他们的课程在脸书上专门创建一个粉丝专页，以促进课堂上学生之间的交流，帮助学生围绕小组项目进行协作。推特，通过帮助师生交流思想、课程公告、作业提示等方式，促进学生与教师在课外的互动。许多院校都在探索通过虚拟世界来促进教学与学习。虚拟人生，则可让学生与教师在完全虚拟的世界中相遇，而不是传统的教室。

迄今为止，很少有研究关注博客、维基、即时通信、社交网络等对学习成果的影响效应。因此，未来有必要对 Web 2.0 工具对教学与学习的效应与最佳实践进行研究。当然，现在能够确定的是它们都是促进互动与协作的强大工具。

结　论

表 3.1 与表 3.2 分别列出了在教学中应用技术的最佳实践和未来值得 SoTL 关注的研究方向。与其他许多与教学与学习相关的领域相比，技术这一领域的发展演变速度可能格外地迅速。新的技术层出不穷，学生对技术的熟悉度和舒适度水平也在变化，考察特定技术的功效的相关研究越来越快、越来越多地出现。此外，虽然可能有研究表明某一项技术是有前景的，但随着师生逐渐对其习以为常，它对教学与学习的效应可能会削弱。因此，对包括效应量在内的 SoTL 研究的相关发现进行考察，会对那些正在选择和实施新技术的教师产生影响。我们希望，本章的内容会鼓励更多的人投入进来，回答当前有待实证的一些问题。

对于想要将技术引入课堂的教学者而言，他们面临着几个挑战，识别新技术只是第一步。教学者必须选择能够与其学校课程管理系统相匹配的技术，需要投入的准备时间长到可能超出预期。而且，关于使用技术，学生的能力与背景各异，在课堂中引入技术可能会花费大量的课堂时间。

尽管如此，我们相信在应用技术方面投入时间和精力是值得的。学生的性质正在发生变化，不论他们是否被称作"下一代学生"或者其他，但他们对应用技术的态度正在变得越来越开放。在将技术引入课堂的时候，教学者至少需要考虑的是，学生（其中一些在幼年时代开始就一直在使用技术）已有的计算机或其他技术的熟练程度。事实上，我们的主张是，问题并不在于是否应当在教学中引入技术，而是要引入何种技术。

教学者和学生都要明白"教无定法，贵在得法"。对于教师职业而言，技术不是万金油也不是大灾难。与优秀教学相关的原则（例如，学业挑战度，清晰的教学目标，对学生寄予厚望，提高学生参与度）对于构成教学基础的任何领域而言都是一样的，不论教学者是否使用任何技术。最后，教学质量比应用新技术更重要。所以，是否要将技术作为促进优秀教学的工具，应当由教学者自己决定。

表 3.1　基于证据的建议

关于演示软件
- 加入动画和相关的视频，可以促进学生学习。
- 为重要学习内容提供线索（如箭头、标题）。
- 将课件分成片段，有利于受众有时间单个消化。
- 删除不相关的材料（如背景音乐、图像）。
- 如果要向学生开放课件，则提供有部分笔记而不是有全部笔记的版本。

关于受众响应系统
- 训练学生使用遥控器，可以减少焦虑和时间浪费。
- 针对技术难题、忘记或不能使用遥控器的学生，准备应对方案。
- 设计高质量的遥控器活动与问题，以使学习最大化。
- 每堂课坚持使用遥控器以保证出勤率、参与率、互动性。
- 在课堂上通过遥控器来收集学生的反馈。
- 在课堂上给出针对遥控器活动的讨论时间。
- 鉴于答案是匿名的，可以在提出有争议的问题时使用遥控器。

关于播客
- 将播客作为传统教学手段的补充。
- 不要依赖播客来传送基本的课程内容。
- 如果播客有配套的课件，保证音频与 PowerPoint 文档的同步。
- 鼓励学生在听播客的同时记笔记。

关于在线测试
- 利用"时间限制"来减少"以考代学"现象。
- 通过"题海"来减少作弊。
- 针对每一个问题给出反馈。
- 要求学生在教师讲授相关内容之前完成测试。
- 对于有较严重考试焦虑的学生，在线测试有助于缓解焦虑。

表 3.2　未来的研究方向

关于演示软件

- 各种软件（如 Apple Keynote）的效用如何？
- 在课前或课后获取教学课件，如何影响学生行为（包括记笔记与学习）？
- 不同教学内容的形式（如文本、图像），以及教学者向学生提供的其他补充性信息，有怎样的效用？

关于受众响应系统

- 学生特征（如个性特点）与遥控器功效之间的关系如何？
- 在特定学习情境中，何种类型的问题是最有效的？

关于播客

- 播客最适用于哪些类型的课程？
- 学生应当如何利用播客来学习？
- 学生自制的教育播客有怎样的教学效益？
- 播客的可获得性对现实课堂出勤率有何影响？
- 学习者特征（如动机）与播客之间关系如何？

关于在线测试

- 使用随笔和简答题的效果如何？
- 从在线测试中获得最大收益的学生具备怎样的特征？

关于 Web 2.0 工具

- 如何最好地利用 Web 2.0 工具？

参考文献

Abrahamson, L. (2006). A brief history of networked classrooms: Effects, cases, pedagogy, and implications. In D. A. Banks(Ed.), *Audience response systems in higher education* (pp. 1-25). Hershey, PA: Information Science Publishing. doi:10.4018/978-1-59140-947-2.ch001

Apperson, J. M., Laws, E. L., & Scepansky, J. A. (2006). The impact of presentation graphics on students' experience in the classroom. *Computers & Education*, *47*, 116-126. doi:10. 1016/j.compedu. 2004.09.003

Axtell, K., Maddux, C., & Aberasturi, S. (2008). The effect of presentation software on classroom verbal interaction and on student retention of higher education lecture content. *International Journal of Technology in Teaching and Learning*, *4*, 21-33. Retrieved from http://www.sicet.org/journals/ijttl/ijttl.

html

Babb, K. A., & Ross, C. (2009). The timing of online lecture slide availability and its effect on attendance, participation, and exam performance. *Computers & Education, 52*, 868-881. doi:10.1016/j.compedu.2008.12.009

Baker, S. C., Wentz, R. K., & Woods, M. M. (2009). Using virtual worlds in education: Second Life as an educational tool. *Teaching of Psychology, 36*, 59-64. doi:10.1080/00986280802529079

Barnett, J. E. (2003). Do instructor-provided online notes facilitate student learning? *The Journal of Interactive Online Learning, 2*(2), 1-7. Retrieved from http://www.ncolr.org/

Bartsch, R. A., & Cobern, K. M. (2003). Effectiveness of PowerPoint presentations in lectures. *Computers & Education, 41*, 77-86. doi:10.1016/S0360-1315(03)00027-7

Beatty, I. D. (2004). Transforming student learning with classroom communication systems. *EDUCAUSE Research Bulletin, 2004*(3), 1-13. Retrieved from http://srri.umass.edu/publications/Beatty-2004tsl

Belanger, Y. (2005, June). *Duke University iPod first year experience final evaluation report*. Retrieved from http://cit.duke.edu/pdf/reports/ipod_initiative_04_05.pdf

Bowman, L. L. (2009). Does posting PowerPoint presentations on WebCT affect class performance or attendance? *Journal of Instructional Psychology, 36*, 104-107.

Brothen, T., Daniel, D. B., & Finley, D. L. (2004, December). *Best principles in the use of online quizzing*. Paper prepared for the Society for the Teaching of Psychology Pedagogical Innovations Task Force. Retrieved from http://www.apadiv2.org/resources/pedagogy/onlinetesting.pdf

Brothen, T., & Wambach, C. (2001). Effective student use of computerized quizzes. *Teaching of Psychology, 28*, 292-294. doi:10.1207/S15328023TOP2804_10

Brothen, T., & Wambach, C. (2004). The value of time limits on internet quizzes. *Teaching of Psychology, 31*, 62-64. doi:10.1207/s15328023top3101_12

Burnstein, R. A., & Lederman, L. M. (2001). Using wireless keypads in lecture classes. *The Physics Teacher, 39*, 6-11. doi:10.1119/1.1343420

Caldwell, J. E. (2007). Clickers in the large classroom: Current research and bestpractice tips. *Life Sciences Education, 6*, 9-20. doi:10.1187/cbe.06-12-0205

Christopherson, K. M. (2011). Hardware or wetware: What are the possible interactions of pedagogy and technology in the classroom? *Teaching of Psychology, 38*, 288-292. doi:10.1177/0098628311421332

Churchill, D. (2009). Educational applications of Web 2.0: Using blogs to support teaching and learning. *British Journal of Educational Technology, 40*, 179-183. doi:10.1111/j.1467-8535.2008.00865.x

Connor-Greene, P. A. (2000). Assessing and promoting student learning: Blurring the line between teaching and testing. *Teaching of Psychology, 27*, 84-88. doi:10.1207/S15328023TOP2702_01

Copley, J. (2007). Audio and video podcasts of lectures for campus-based students: Production and evaluation of student use. *Innovations in Education and Teaching International, 44*, 387-399. doi:10.1080/14703290701602805

Cornelius, T. L., & Owen-DeSchryver, J. (2008). Differential effects of full and partial notes on learning outcomes and attendance. T*eaching of Psychology, 35*, 6-12. doi:10.1080/00986280701818466

Cronin, J. J. (2009). Upgrading to Web 2.0: An experiential project to build a marketing wiki. *Journal of Marketing Education, 31*, 66-75. doi:10.1177/0273475308329250

Crouch, C. H., & Mazur, E. (2001). Peer instruction: Ten years of experience and results. *American Journal of Physics, 69*, 970-977. doi:10.1119/1.1374249

Daniel, D. B., & Broida, J. (2004). Using web-based quizzing to improve exam performance: Lessons learned. *Teaching of Psychology, 31*, 207-208. doi:10.1207/s15328023top3103_6

Daniel, D. B., & Woody, W. D. (2010). They hear, but do not listen: Retention for podcasted material in a classroom context. *Teaching of Psychology, 37*, 199-203. doi:10.1080/00986283.2010.488542

DeBord, K. A., Aruguete, M. S., & Muhlig, J. (2004). Are computer-assisted teaching methods effective? *Teaching of Psychology, 31*, 65-68. doi:10.1207/s15328023top3101_13

d'Inverno, R., Davis, H., & White, S. (2003). Using a personal response system for promoting student interaction. *Teaching Mathematics and Its Applications, 22*, 163-169. doi:10.1093/teamat/22.4.163

Draper, S. W., & Brown, M. I. (2004). Increasing interactivity in lectures using an electric voting system. *Journal of Computer Assisted Learning, 20*, 81-94. doi:10.1111/j.1365-2729.2004.00074.x

Dunlap, J. C., & Lowenthal, P. R. (2009). Horton hears a tweet. *EDUCAUSE Quarterly, 32*(4). Retrieved from http://www.educause.edu/eq

Dyrud, M. A., Worley, R. B., & Flatley, M. E. (2005). Blogging for enhanced teaching and learning. *Business Communication Quarterly, 68*, 77-80. Retrieved from http://bcq.sagepub.com/ doi:10.1177/108056990506800111

Evans, C. (2008). The effectiveness of m-learning in the form of podcast revision lectures in higher education. *Computers & Education, 50*, 491-498. doi:10.1016/jcompedu.2007.09.016

Fernandez, V., Simo, P., & Sallan, J. (2009). Podcasting: A new technological tool to facilitate good practice in higher education. *Computers & Education, 53*, 385-392. doi:10.1016/j.compedu.2009.02.014

Frank, J., Shaw, L., & Wilson, E. (2008–2009). The impact of providing web-based PowerPoint slides as study guides in undergraduate business classes. *Journal of Educational Technology Systems, 37*, 217-229. doi:10.2190/ET.37.2.g

Frey, B. A., & Birnbaum, D. J. (2002). *Learners' perceptions on the value of PowerPoint in lectures.* Pittsburgh, PA: University of Pittsburgh. (ERIC Document Reproduction Services No. ED467192)

Griffin, D. K., Mitchell, D., & Thompson, S. J. (2009). Podcasting by synchronising PowerPoint and voice: What are the pedagogical benefits? *Computers & Education, 53*, 532-539. doi:10.1016/j.compedu.2009.03.011

Gurung, R. A. R., Wilhelm, T., & Filtz, T. (in press). Optimizing honor codes for online exam administration. *Ethics & Behavior.*

Hake, R. (1998). Interactive engagement versus traditional methods: A six-thousand student survey of mechanics test data for introductory physics courses. *American Journal of Physics, 66*, 64-74. doi:10.1119/1.18809

Hardin, E. E. (2007). Presentation software in the college classroom: Don't forget the instructor. *Teaching of Psychology, 34*, 53-57. doi:10.1207/s15328023top3401_13

Hew, K. F. (2009). Use of audio podcast in K-12 and higher education: A review of research topics and methodologies. *Educational Technology Research and Development, 57*, 333-357. doi:10.1007/s11423-008-9108-3

Hickerson, C. A., & Giglio, M. (2009). Instant messaging between students and faculty: A tool for increasing student-faculty interaction. *International Journal on E-Learning, 8*, 71-88. Retrieved from http://www.aace.org/pubs/ijel/

Hlynka, D., & Mason, R. (1998)."PowerPoint" in the classroom: What is the point? *Educational Technology, 38*, 45-48.

Hodges, C. B. (2010). If you Twitter, will they come? *EDUCAUSE Quarterly, 33*(2). Retrieved from http://www.educause.edu/eq

Hoekstra, A. (2008). Vibrant student voices: Exploring effects of the use of clickers in large college courses. *Learning, Media & Technology, 33*, 329-341. doi:10.1080/17439880802497081

Hove, M. C., & Corcoran, K. J. (2008a). Educational technologies: Impact on learning and frustration. *Teaching of Psychology, 35*, 121-125. doi:10.1080/00986280802004578

Hove, M. C., & Corcoran, K. J. (2008b). If you post it, will they come? Lecture availability in introductory psychology. *Teaching of Psychology, 35*, 91-95. doi:10.1080/00986280802004560

Hsu, J. (2008). Innovative technologies for education and learning: Education and knowledge-oriented applications of blogs, wikis, podcasts, and more. *International Journal of Web-Based Learning and Teaching Technologies, 3*, 62-81. Retrieved from http://www.igi-pub.com/Bookstore/TitleDetails.aspx?TitleId=1081 doi:10.4018/jwltt.2008070106

Hunsinger, M., Poirier, C. R., & Feldman, R. S. (2008). The roles of personality and class size in student attitudes toward individual response technology. *Computers in Human Behavior, 24*, 2792-2798. doi:10.1016/j.chb.2008.04.003

Johnson, B. C., & Kiviniemi, M. T. (2009). The effect of online chapter quizzes on exam performance in an undergraduate social psychology course. *Teaching of Psychology, 36,* 33-37. doi:10.1080/00986280802528972

Kay, R. H., & LeSage, A. (2009). Examining the benefits and challenges of using audience response systems: A review of the literature. *Computers & Education, 53,* 819-827. doi:10.1016/j.compedu.2009.05.001

Kennedy, G. E., & Cutts, Q. I. (2005). The association between students' use of an electronic voting system and their learning outcomes. *Journal of Computer Assisted Learning, 21,* 260-268. doi:10.1111/j.1365-2729.2005.00133.x

Kinzie, M. B., Whitaker, S. D., & Hofer, M. J. (2005). Instructional uses of instant messaging(IM) during classroom lectures. *Journal of Educational Technology & Society,* 8, 150-160. Retrieved from http://www.ifets.info/others/

Lee, M. J. W., McLoughlin, C., & Chan, A. (2008). Talk the talk: Learner-generated podcasts as catalysts for knowledge creation. *British Journal of Educational Technology, 39,* 501-521. doi:10.1111/j.1467-8535.2007.00746.x

Ludwig, T. E., Daniel, D. B., Froman, R., & Mathie, V. A. (2004, December). *Using multimedia in classroom presentations: Best principles.* Paper prepared for the Society for the Teaching of Psychology Pedagogical Innovations Task Force. Retrieved from http://www.apadiv2.org/resources/pedagogy/classroommultimedia.pdf

Martindale, T., & Wiley, D. A. (2005). Using weblogs in scholarship and teaching. *TechTrends, 59,* 55-61. Retrieved from http://www.aect.org/Intranet/Publications/ index.asp#tt

Mayer, R. E., & Moreno, R. (2003). Nine ways to reduce cognitive load in multimedia learning. *Educational Psychologist, 38,* 43-52. doi:10.1207/S15326985EP3801_6

Mayer, R. E., Stull, A., DeLeeuw, K., Almeroth, K., Bimber, B., Chun, D., … Zhang, H. (2009). Clickers in college classrooms: Fostering learning with questioning methods in large lecture classes. *Contemporary Educational Psychology, 34,* 51-57. doi:10.1016/j.cedpsych.2008.04.002

McCombs, S., & Liu, Y. (2007). The efficacy of podcasting technology in instructional delivery. *International Journal of Technology in Teaching and Learning, 3,* 123-134. Retrieved from http://www.sicet.org/journals/ijttl/ijttl.html

McKinney, D., Dyck, J. L., & Luber, E. S. (2009). iTunes University and the classroom: Can podcasts replace professors? *Computers & Education, 52,* 617-623. doi:10.1016/j.compedu.2008.11.004

Millis, K., Baker, S., Blakemore, J. E. O., Connington, F., Harper, Y. Y., Hung, W., … Stowell, J. (2010). Teaching and learning in a digital world. In D. F. Halpern (Ed.), *Undergraduate education in psychology: A blueprint for the future of the discipline* (pp. 113-128). Washington, DC: American Psychological Association. doi:10.1037/12063-007

Morling, B., McAuliffe, M., Cohen, L., & DiLorenzo, T. M. (2008). Efficacy of personal response systems ("clickers") in large, introductory psychology classes. *Teaching of Psychology*, *35*, 45-50. doi:10.1080/00986280701818516

Noppe, I., Achterberg, J., Duquaine, L., Huebbe, M., & Williams, C. (2007). PowerPoint presentation handouts and college student learning outcomes. *International Journal for the Scholarship of Teaching and Learning*, *1*(*1*), 1-13. Retrieved from http://academics.georgiasouthern.edu/ijsotl/index.htm

Parson, V., Reddy, P., Wood, J., & Senior, C. (2009). Educating an iPod generation: Undergraduate attitudes, experiences and understanding of vodcast and podcast use. *Learning, Media and Technology*, *34*, 215-228. doi:10.1080/17439880903141497

Patry, M. (2009). Clickers in large classes: From student perceptions towards an understanding of best practices. *International Journal for the Scholarship of Teaching and Learning*, *3*(2), 1-11. Retrieved from http://academics.georgiasouthern. edu/ijsotl/

Pemberton, J. R., Borrego, J., Jr., & Cohen, L. M. (2006). Using interactive computer technology to enhance learning. *Teaching of Psychology*, *33*, 145-147. doi:10.1207/s15328023top3302

Poirier, C. R., & Feldman, R. S. (2007). Promoting active learning using individual response technology in large introductory psychology classes. *Teaching of Psychology*, *34*, 194-196. doi:10.1080/00986280701498665

Richardson, W. (2006). *Blogs, wikis, podcasts, and other powerful web tools for classrooms*. Thousand Oaks, CA: Corwin Press.

Rosales, R. (2009). Eight simple ways to embrace the "Froom." *EDUCAUSE Quarterly*, *32*(4). Retrieved from http://www.educause.edu/eq

Schwartz, B. M., Tatum, H. E., & Wells, J. W. (2012). The honor system: Influences on attitudes, behaviors, and pedagogy. In R. E. Landrum & M. A. McCarthy (Eds.), *Teaching ethically: Challenges and opportunities* (pp. 89-98). Washington, DC: American Psychological Association. doi:10.1037/13496-000

Stevens, K. E., Kruck, S. E., Hawkins, J., & Baker, S. C. (2010). Second Life as a tool for engaging students across the curriculum. In P. Zemliansky & D. Wilcox (Eds.), *Design and implementation of educational games: Theoretical and practical perspectives* (pp. 378-392). doi:10.4018/978-1-61520-781-7.ch024

Stowell, J. R., & Bennett, D. (2010). Effects of online testing on student exam performance and test anxiety. *Journal of Educational Computing Research*, *42*, 161-171. doi: 10.2190/EC.42.2.b

Stowell, J. R., & Nelson, J. M. (2007). Benefits of electronic audience response systems on student participation, learning, and emotion. *Teaching of Psychology, 34*, 253-258. doi:10.1080/00986280701700391

Stowell, J. R., Oldham, T., & Bennett, D. (2010). Using student response systems ("clickers") to combat conformity and shyness. *Teaching of Psychology*, *37*, 135-140. doi: 10.1080/00986281003626631

Susskind, J. E. (2005). PowerPoint's power in the classroom: Enhancing students' self-efficacy and attitudes. *Computers & Education, 45,* 203-215. doi:10.1016/ j.compedu.2004.07.005

Susskind, J. E. (2008). Limits of PowerPoint's power: Enhancing students' self-efficacy and attitudes but not their behavior. *Computers & Education, 50,* 1228-1239. doi:10.1016/j.compedu.2006.12.001

Szabo, A., & Hastings, N. (2000). Using IT in the undergraduate classroom: Should we replace the Blackboard with PowerPoint? *Computers & Education, 35,* 175-187. doi:10.1016/S0360-1315(00)00030-0

Tapscott, D. (2008). *Grown up digital.* New York, NY: McGraw-Hill.

Trees, A. R., & Jackson, M. H. (2007). The learning environment in clicker classrooms: Student processes of learning and involvement in large university-level courses using student response systems. *Learning, Media & Technology, 32,* 21-40. doi:10.1080/17439880601141179

Tufte, E. R. (2004). *The cognitive style of PowerPoint.* Cheshire, CT: Graphics.

Walker, V. L. (2009). 3D virtual learning in counselor education: Using Second Life in counselor skill development. *Journal of Virtual Worlds Research, 2,* 3-14. Retrieved from http://jvwresearch.org/

Wang, L., & Beasley, W. (2008). The wiki as a web 2.0 tool in education. *International Journal of Technology in Teaching and Learning, 4,* 78-85. Retrieved from http://www.sicet.org/journals/ijttl/ijttl.html

Warburton, S. (2009). Second Life in higher education: Assessing the potential for and the barriers to deploying virtual worlds in learning and teaching. *British Journal of Educational Technology, 40,* 414-426. doi:10.1111/j.1467-8535. 2009.00952.x

Wheeler, S., & Wheeler, D. (2009). Using wikis to promote quality learning in teacher training. *Learning, Media and Technology, 34,* 1-10. doi:10.1080/17439880902759851

Wheeler, S., Yeomans, P., & Wheeler, D. (2008). The good, the bad and the wiki: Evaluating student-generated content for collaborative learning. *British Journal of Educational Technology, 39,* 987-995. doi:10.1111/j.1467-8535.2007.00799.x

Zapf, J. A., & Garcia, A. J. (2011). The influence of tech-savvyness and clicker use on student learning. *International Journal for the Scholarship of Teaching and Learning, 5*(1), 1-11. Retrieved from http://academics.georgiasouthern.edu/ijsotl/index.htm

第4章 在线教学

钱德拉·麦罗特拉（Chandra M. Mehrotra）

劳伦斯·麦克盖耶（Lawrence McGahey）

在线教育（online education），是一种通过因特网传输的远程教育形式。在线课程中至少 80% 的教学内容都是通过网络传输，其典型特征是没有面对面的接触。混合式教学模式（hybrid instructional models），即将传统教学与在线教学相结合的模式，已经越来越普遍。如果想要了解美国远程教育项目的发展历程和影响在线教育项目的重要因素，请参见麦罗特拉等人的研究。

在线教育可以分为同步传输（synchronous，教师与学生同时在线）与非同步传输（asynchronous，教师与学生不需要同时在线）两大类。虽然在线教育通常兼具同步与非同步两大属性，相比而言，非同步传输对学生的吸引力更大，因为它能够增强学习者的自主性，使其可以在教育、工作、家庭生活等诸多方面保持协调。在本章中，我们将介绍同步传输在线课程中有效教学者的作用，考察在线教学的基本要素，包括在线学习学生的特征、设计在线课程时应考虑的因素、最有利于促进学生学习的教学方式、可用于评估学生学习成果的方法。

为何要开设和学习在线课程

在线教育，在不增加办学成本的同时，可以容纳更多的学生，从而帮助实体的高等院校更好地实现其办学使命与目标。在线教育也能够在传统校园传输模式的基础上帮助院校增加收益。相关文献可以为我们提供一些实施在线教学的决策依据。

学生希望可以随时随地地复习学习内容，这要求院校和教师必须提高其直接向学生提供和传输多种形式教育材料的能力，尤其是当此种模式被认为相比典型的标准课堂更有利于提高学生参与度的时候。美国教育部曾对 12 年来相关领域的研究做了一项荟萃分析，发现全部或部分地学习了在线课程的学生相比那些通过传统面授式教学来学习相同课程的学生，他们在一些客观的学习测量指标方面（例如标准化的测试、作业、期中 / 期末考试）普遍表现更好。混合式教学对于促进学生学习是最有效的。然而，由于并没有在受干预和控制的情境中使用相同的课程材料（如教材）、教学方式（如讲授、讨论）或学习时间，因此该荟萃分析结论的信效度是有限的。所以，目前所观察到的在线学习与混合式学习的优势可能并不见得就是源于传输方式本身，但它仍然可以帮助我们了解相关研究中所讨论的一个或多个因素之间的区别。

尽管有很多种原因都可能让学生通过在线学习方式来接受教育，但汉奈和纽文却发现进度灵活、通勤时间、与校园的距离等是最常见的因素。典型的本科生面授课程的课程表不能满足那些已经成家或有工作的学生对"灵活性"的需求。当然，其他一些基于个人情况的选择也可能促进学生选择在线课程，而不是传统的校内学习。有研究者指出，约 80%的远程学习者同时也会修习传统的校园课程。

在线学习者的特征

与在校园内学习的学生相比，在线学习的学生有很多不同之处。在线学习的学生，年龄更大，学分更多，平均绩点更高。以修习"心理统计学"课程的在线学习学生为例，他们更乐于与同伴进行协作，也更愿意在学习中投入更多的时间。在线学习学生也拥有更高的辍学率，然而这往往是他们在发现自己并不能为此投入足够的时间和精力之后，经过深思熟虑后所做出的决定。

一项以社区学院为对象的研究有助于我们了解那些取得成功的在线学习者。另有研究发现，在线学习者的保持率和成功率都与其"社会临场感"[1]（social presence）相关。拥有更高社会临场感的学生，将在线学习环境视作一个在此中可以表达感情的，互动性、私密性很强的非正式对话情境，更有可能在在线学习中表现出更高的协作性与互动性，而这两者对于一个学习共同体的维系都是最重要的因素。刘等人曾提出建议，为了学生，可以通

---

1 社会临场感，又称为社会存在、社会表露、社会呈现，我国大多数学者普遍将其翻译为社会临场感，是指在利用媒体进行沟通的过程中，一个人被视为"真实的人"的程度以及与他人联系的感知程度。它能够促进虚拟环境中人与人的交互以及学习者的知识建构，是影响在线学习的重要因素，也是影响在线学习满意度的重要指标。——译者注

过诸如 "社会临场感与私密问卷" (Social Presnece and Privacy Questionnare) 等工具，及时地识别和干预辍学风险。

基于自身属性，在线学习常常依赖于那些能够促进或妨碍学习的技术，同时也受到这些技术的约束。考虑到在线环境中对教学技术的依赖，很容易发现成功的在线学习者在遇到技术问题时总是需要寻求帮助。针对一群经验丰富的教师所教授的一门研究生课程所做的一项初步研究发现，即使是自认为精通计算机技术的学习者在获取课程材料时仍然可能面临一些困难。因此，如果在课程学习的早期向学生介绍他们相对不熟悉的技术，并说明如何获取技术支持，对学生的学习将是有益的。

成功的在线学习者还表现出较高的独立性和自控力。高效能的在线学习者在提交作业之前，能够清晰地知道需要与教学者、同伴进行多少互动，知道在最后期限之前何时向教学者求助。与布洛克尔等人的研究结论一致，这些结果也表明成功的在线学习者知道面临关于硬件或软件的技术难题时向谁求助，以及如何正确地执行每一条教学指令。简言之，成功的在线学习者能够自控，也能够管理自己的学习动机和利用自己的学习资源。经验丰富的学生或工作者，由于可能已经掌握了如何满足教学者的期望，因而相比年轻的、缺乏经验的学习者更有优势。

培养在线学习者的自控能力

有关在线课程中自我管理的重要性的相关证据表明，尤其对于那些刚开始接触在线教学的学生而言，需要向他们提供信息、评估、训练，以帮助其形成良好的自我管理习惯和意识。有效的教学者会使用很多的方法来帮助学习者培养自控能力。许多研究都已经表明一个能帮助学生管理自己学习的工具，有利于他们取得更好的在线学习成果（如成绩）。例如，在每一单元的最后，要求学生阐述其解题思路，填写记录学习时间、学习过程、预测分数、自我评价等信息的表格，诸如专业词典、自测题、多媒体材料、补充信息等教学材料。这些提示与专题能够帮助学生学习如何解释概念、完成任务、发现差距、提前计划、自我修正、分配时间和精力。对学生的元认知进行监测，追踪他们已经或尚未习得的技能和知识，与他们实际的技能和知识水平一样重要。总之，相关研究表明，让学生进行自我反思、自我管理、自我监测有助于他们取得预期的学习成果。有效的在线教学者会向学生提供让其满意的知识，同时教会他们在各自所学习的领域内成长为一个有学习策略的、能自我管理的学习者。

设计在线课程时应考虑的因素

在开发或选择在线课程时有四个关键因素需要考虑：课程目标、先备知识、课程情境、课程架构。

课程目标

课程的教学目标或预期成果，会影响教学手段、教学媒体的选择。如果目标是向学生提供新的信息，使用多媒体课件，即文字（打印的文本或口头的文本）与图像（静态图的、动画的、视频的）相结合，比单纯使用文字更有效。通常，通过多媒体课程学习的学生在随后的测试中比只通过单纯文字学习的学生表现更好。值得注意的是，静态的插图并不一定比动画的效果差，尽管有的内容特别适合动画或视频的形式。克拉克与梅耶进一步建议，当图像（动画或静态画面）是文字的焦点的时候，教学者应当以口头的形式而非书面的形式来插入文字，从而使图像与文字同时呈现。这一建议的依据是"双向通道原则"[2]，该原则已经得到许多实验研究的支持。吉恩斯所开展的一项荟萃分析为双向通道原则提供了强有力的证据，同时也指出越复杂的内容，听觉传输的积极作用越强。当然，仍需开展更多的研究以考察对于不同的学习者和教学目标而言，什么类型的可视化更有效，以及彩色图像对于促进学生学习的作用如何。

先备知识

教学材料与手段应当与学生的个体差异相匹配。尽管一些个体特征变量，如能力、倾向、学习风格等已经受到了很多关注，但有研究表明学生拥有与课程内容相关的先备知识对他们的学习的影响最大。例如，在面向后进学生的课程中，有必要补充以"文本＋图像"为形式的指导，在面向绩优生的课程中，使用纯文本应该就足够了。

课程情境

课程情境包括技术约束、教学文化因素、资源限制等在内的在线环境也会对在线学习与教学产生影响。技术约束包括应当与课程内容管理（如开源的）软件类型相匹配，不论教师与学生是否需要在自己的计算机中安装特定的软件，或者软件提供的功能模块（如聊天室）。都应当提前告知学生所需的硬件（如视听设备），以便能够完整地使用嵌入在内容传输软件中的教学工具。想要尝试在线教学的教师应当考虑的一个问题是，在综合考量

2　双向通道原则（Modality Principle），是从学习效果的角度而言，学习者从"画面＋解说"中学习，效果要比从"画面＋屏幕文本"中学习更好。——译者注

工作负荷、聘用晋升等前提下，改变传统的传输模式是否值得。整个学校对于引入在线模式的意愿，即学校是否积累了足够的在线经验，同时拥有足够的接受度，否则其在线教学可能会受到需要花费时间为在线模式进行辩护、呼吁的干扰。教学者必须依据为其在线教学提供支持的现实环境来选择和调整教学。他们应当警惕仅仅因追求时髦而使用新技术，需要认真思考该技术是否真的能够为其课程目标的实现提供支持。

课程架构

一直以来，形成了三种关于学习的观点：信息获取（information acquistion）、反应强化（response strengthening）、知识构建（knowledge construction）。基于信息获取视角设计的课程，使用的是接受式架构（receptive architecture），此中教学者是信息的分配者，学习者则是与内容、同伴、教学者很少或没有互动的被动接收者。反应强化模式，课程通常依据"解释—举例—提问—反馈"的顺序来组织，以帮助学习者培养诸如软件设计或统计计算的技能。指导式架构（directive architecture），通过高度结构化的实践机会，引导学习逐步展开。指导式的课程或学习单元有中等水平的互动，学习者在其中与教学材料而并不一定是教学者进行互动。教学者的作用主要是设计教学单元，监测学生进步，不断提供反馈。知识建构模式倡导引导式、发现式的学习，其成功的典型例子是借助模拟和游戏来引导学习。与信息获取模式不同，知识建构模式将学生视作积极的意义创设者，即学习者在学习过程中所经历的是积极的认知过程。因此，学习者的学习是摄入相关的信息，将之内化为相关的结构，并与其已有的认知建立连接。

实际问题

在线教学还需要考虑一些实际问题。如果需要有用的实践指南，可以参阅贝彻与康拉德和德斯塔姆与舒恩霍尔茨的研究，这些参考文献都是基于实验研究而给出的有用的指南。此外，刚开始从事在线教学的人可能还需要考虑与已经有几学期在线教学经验的同事建立帮带关系。

教学大纲

因为传输方式不同，在线教学大纲不会受到打印页面的限制，而且在其中加入音频、视频、其他网站等内容的教学大纲会显得更加生动。指向其他包含更多细节信息的链接，也可以让教学大纲看起来并不像铁板一块。教学者应当记住的是，尺寸、类型、色彩等在传递信息的同时也可以传递出无意识的意思。一旦文件开始投入在线使用，如果围绕同一条目反复出现问题，就意味着需要进行一些改写或准备一份"常见问题说明"（FAQ）。

教学手段

在这一部分，我们将简要介绍四种教学手段，并分别讨论它们如何创造性地通过信息技术来促进学生学习。

自动获取反馈的练习

有效的在线教学会为学习者提供面向特定知识或技能差距的专门训练机会，并提供解释性的矫正反馈。例如，在学习者回答了指定问题之后，他或她会收到一份反馈，该反馈不仅会显示答案是否正确，而且还会给出简明的解释。

自主学习与合作学习的整合

根据奇克林与加姆逊的观点，好的学习就像好的工作，是合作式的、社会性的，而不是竞争式的、孤立性的，而且与他人一起协作有助于提高学习的参与度。有效的在线课程能够为学生提供参与讨论、协作项目、小组作业等活动的机会。与他人一起工作似乎能够让参与者对备选的解释与情形进行比较，纠正彼此的错误想法，进而形成对相关问题的整体性认知。

一般而言，非同步讨论模式（asynchronous discussion）更受学生欢迎，这种模式与传统的面对面课程相比也有很大的不同。梅耶曾指出每一种教学传输模式都有其价值所在，不过学生的确在在线讨论上花费的时间更多，并在关于研究意义的评论中表现出更高阶的思维，同时也能够整合吸收同伴们的重要观点。肖和皮耶特对那些参与在线讨论更加频繁的学生进行了观察，发现他们在期末考试中成绩明显更好。然而，关于持续的教学反馈和围绕特定学习成果的交流的研究，目前还相当有限。

根据学习动态地调整教学

目前已有软件能够帮助教学者根据学习者对内嵌于学习单元的问题的回答来调整其教学节奏。如果学生对中等难度的问题回答错误，计算机程序可以提出一个更简单的问题，或者提出一个相似的但带有更多教学指导的问题。这种基于学习者学习进展而进行的调整，被称作"适应性教学"（adaptive instruction），它是在线课程的特色之一，在学生的先备知识的水平参差不齐的时候尤其有用。

虽然目前关注适应性教学的研究还相当少，但已有研究能够表明这一技术的积极作用。有研究对（学习）单元末的测试题做了调查，这些测试题或者是固定的条目，只针对学生的答案是否正确作出反馈；或者是根据学生回答错误的题目类型，为学生提供更多的练习机会。这种对学生回答保持敏感反应的辅导模式被认为是更有效的，因为它有助于学生的分数在学前测验与学后测验之间的时段内有更大的好转。学生学习的这种好转，证明了个性化教学的功效，在个性化教学模式中，它不仅会指出学生的回答正确与否，同时还会给出一个简短的解释。在收到这种个性化的反馈之后，学习者还有机会针对同类型错题做更多的练习。

模拟与游戏

娱乐游戏与模拟的流行使在线教学也将之作为一种改进学习成果的途径。模拟有两种类型，即操作型和概念型。操作型模拟（Operational simulations），主要是用于教授程式化的技能，如医疗程序或安全技能（如飞机领航和工业控制）。相反地，概念型（conceptual simulations）模拟，主要是用于特定领域的可迁移的知识，以及与之相关的问题解决技能。在高等教育领域，概念型模拟关注的是诸如物理学、化学、植物学、遗传学、信息技术、生态学等学科的基本原则。在一个面向心理学本科生的信息技术课程的在线模块中，卡斯塔尼达对两种模拟情境（自导与非自导）进行了比较。在这两种情境中，学生从学前测验与学后测验中所获得的知识都更多，前提是向他们提供了说明性的指导。在另一项研究中，希贝林克发现与使用二维图像的学生相比，使用三维图像的学生在识别解剖部件与空间关系方面有着虽然小但却很明显的优势。

与模拟相似，游戏也有着多样化的形式与特点。所有游戏常见的元素包括：（1）一项有竞争性、挑战性、明确目标的活动；（2）一系列的规则与约束；（3）一个特定的情境。关于学习成果的研究已经表明，在所有关于模拟与游戏促进学生学习功效的研究中，"反馈"是被提及最多的成功因素。反馈可以被嵌入模拟或游戏之中，也可以由教学者直接提供，还可以在学期结束后以视频的方式提供，与反馈的来源相比，更重要的是是否有反馈。有效的反馈应当包括对学生的回答正确或错误的简明的指导性解释，具体例子可参见莫雷诺的相关表述。

尽管既有研究已经表明模拟与游戏是非常有用的，但是让所有的教学者都亲自动手为自己的在线课程设计模拟与游戏却是不现实的。我们建议教师通过多种渠道搜寻现成的资源。

在线课程的学习评估

由于没有面对面的互动，对学生在线学习成果的评估显得更加重要。在传统课程中，教师可以通过非正式的观察来评量学生对教学的反应，监测学生的学习进步。对于在线课程而言，评估手段被内嵌于课程模板，而且是持续不断地进行。这些评估手段包括自测题、理解力测试、应用练习、案例分析、模拟等，它们都可以通过课程管理软件来实现。持续性评估通常使得在线教学者需要在一学期从头到尾都要向学习者给出及时反馈，这为帮助学习者实现预期效果打下了基础。这些反馈向学习者提供关于学习结果的信息，告知他们回答是否正确，并就回答的正或误给出一个简短的解释。与早期研究中提出的"分散练习更有利于长期保持率"的判断一致，在线教学的测验也应当分散到所有的学习单元中，以实现最大的效用。教师也可以考虑将平时分散测验的成绩纳入到课程总成绩之中。

接下来，我们将讨论三种评估学习的方式（如小组讨论、学期论文、测试），以及如何将他们应用到在线课程之中。不论选择的是什么方式，重要的是要保证注册修习的学生都能参与所有的课程活动，完成课程任务，获得相应学分。《高等教育机会法案》（2008）已经将与远程教育项目中学生学籍的审核相关的内容纳入其中。可以考虑将诚信守则用于在线课程，此建议是以一系列实证研究为基础的，这些研究已经证明了诚信守则与学术诚信之间存在正相关关系。诚信守则的特点是长、正式，同时会对违反守则的后果做出规定，而且守则通常与更高的学术诚信水平相关。然而，仅仅有诚信守则仍然是不够的，还需与学生进行讨论，考虑如何将其应用到每一个特定的课程。教师需要在课程的全程都向学生传达，学术诚信在课程管理制度中是一个"一票否决"项；也可以采用手写承诺书的形式，学生需要在承诺书中申明"我没有在某一测验、讨论、学期论文或作业中作弊"；鼓励学生举报他在课程任何地方所观察到的任何违反守则的行为。

小组讨论

让学生每周围绕关键主题或问题进行非同步的小组讨论，这有助于促进其学习，同时有助于生生、师生之间保持联系。而且，还可以为教学者提供一份关于每个学生在小组活动中所做出的贡献的记录，大部分在线软件都可以帮助教学者对学生的贡献进行保存和归档。除了对学生贡献进行量的计算外，教学者还应当向学生提供及时的反馈，对他们的参与情况给出具体的评论。一份典型的关于如何评价讨论参与情况的指南应当从以下几个关键点来考察学生所达到的程度：（1）正确运用相关的课程理念、理论或材料；（2）与同伴协作将相关课程理念用于讨论的过程中；（3）应用相关的专业的个人的或其他的现实生活经验；（4）运用适当知识为相关立场辩护。

如果积极参与在线讨论有利于提升学习成绩，教师就有必要告知学生：教师会如何对他们参与在线讨论的表现做出评价，针对他们参与讨论的表现给出质和量的反馈。反馈应当是及时的、一致的、具体的，因为学生对滞后的、模糊的、不一致的反馈的容忍度并不高。

学期论文

在线进行非同步的写作任务有一些重要的差别。许多在线学习者都是全职工作或身负家庭责任，他们特别喜欢在注册课程时教学者就提前告知整个学期所有的论文、项目、作业等课程任务，并给出具体的指导意见。指导意见通常包括以下几个方面的信息：学习资源、评估标准、评量准则、提交论文初稿和终稿的时间。据我们所知，目前还没有关于在线学习者通过非同步讨论、学期论文、项目等方式所完成的大量写作任务对学习的影响的实证研究。然而，有一些作者（如鲁德斯塔姆）也尝试梳理了它对在线学习者的基本学习成果可能产生的影响。

测　试

传统的测试形式（如多项选择题、填空题、判断题），对于在线课程的学习评价通常并不是最佳选择，其难点在于诚信的保证。在线教学者们已经探索了一些应对学术诚信问题的策略。

计算机适应性测试（computer adaptive testing），即为每一个学习者准备一场唯一的考试（一生一卷）是其中一种虽复杂但安全的方式。考试由计算机通过统计模型实时生成，依据"试题反应理论"（item response theory），计算机会根据学生之前回答问题时所表现出的能力，向每一名学生提出不同的问题。通常情况下，测试都是从中等难度的题目开始，然后转向适于每个学生成绩水平的难度。因为适应性测试是根据指定学生的情况，准备个性化的题目，教师开展教学的可能性因此而降低，而且测试的时间也大量地减少了。适应性测试需要提前规划，教学者需要针对不同的主题、学习成果、难易程度开发一个专门的试题库。当然，为了能够让计算机根据学生平常的表现给出个性化的试题，这些准备工作都是值得的。

随机抽取考试题目，与计算机适应性测试在"一生一卷"方面是相似的，但不同之处在于其试题的选择并不是通过统计程序完成的。这种方法的主要优点在于，构建试题库时不需要复杂的技术支持，从试题库中随机抽取试题组成一份唯一的试卷。当每个人的试卷都明显不同的时候，作弊就变得困难多了。大部分测试都是"开卷"的，但是学生一旦开始做题，他或她能够用以完成测试的时间就是有限的，而且通常只允许学生尝试一次。丹尼尔和布若伊达曾经尝试为每个学生随机抽取一份试卷，发现这种方法在减少作弊和促进学习方面是有效的。

尽管目前还没有相关的实证研究，博星和康拉德还是就降低作弊可能性向教学者给出了一些建议：（1）明确测试的目标和内容；（2）设定严格的时间限制；（3）提供足量但分值低的题目。此外，提供一次补考机会有助于提升学生能力，有助于促进学生自我挑战。总之，利用测试对重要的核心概念、事实性知识、初级的概念应用进行考察，赋予低分值，准备很多有价值、有效益的测验题之后剩下的工作就交给课程管理系统。

结　论

本章中，我们主要关注的是在线教学中最受欢迎的非同步传输模式，因为它有助于学生在教育、工作、家庭生活之间谋求更大的平衡。而且，它使那些住在偏远的、没有校园学习项目的学习者有了接受高等教育的机会。在撰写本章时，我们主要有两个基本的假设：在线课程的设计应当基于关于学生如何学习的认知理论，关于确实能够优化学生学习的特征的经验证据。表 4.1 总结了一些针对在线课程的基于实证的建议。表 4.2 提出了一些值得 SoTL 未来关注的研究方向。

表 4.1　基于证据的建议

- 给出评估指导，鼓励学生自我评价与自我管理；要求学生坚持写日志或使用其他的自我监督策略。
- 利用技术将课程目标与目的、学习资源、作业、评分政策、时间轴等置入课程大纲之中；在课程开始之后，不要作出大的调整。
- 有风度、有礼貌地与学生接洽和互动；分配好用于实施在线讨论的时间。
- 选择的模拟和游戏应当包含目标、规则、活动、反馈、取得相应学习成果的后果等。
- 应用适当的多媒体原则以降低学生认知负荷，即使用相关的可视化资源并通过有声评论予以解释；为每一份可视化资源准备相应的说明文本。
- 引导学生积极学习，教师是一个认知的引导者而不是一个信息的传输者。
- 使用诚信守则，并将守则的含义、使用方式与学生进行讨论，以促进学术诚信。
- 通过小组在线讨论的形式促进学生与内容、教师、同伴等的互动；在课程大纲中给出评价标准与评量准则，在课程全程用之评估学生在小组讨论中的表现。
- 探索学习管理系统中的可用选择：（1）使用多种手段评估学生学习；（2）帮助学生持续追踪其学习进展。

表 4.2 未来的研究方向

- 为什么年龄更大的学习者学习在线课程更成功？是由于做学生时所积累的经验还是一般的生活经验？
- 识别更有可能完成在线课程学习并取得预期成果的学生有什么标准？
- 有协作精神的、善于交际的、自控的、独立的学生，在传统课程与在线课程中都更有可能取得成功吗？成功的在线学习者有何不同之处？
- 在线课程的课程大纲中如何呈现信息才更有利于促进学生取得预期成果？
- 与线图、表格、图形等更简单的形式相比，色彩优美的可视化材料能够在多大程度上更加优化学习与强化动机？
- 关于在线讨论，教学者在以下方面如何发挥作用：展示额外信息，给出反馈，生成批判性问题鼓励学生参与，实施监测？
- 讨论小组的规模与组成对不同学习成果有怎样的影响？同质分组更有效，还是学习水平高低搭配的异质分组更有效？
- 一门在线课程如何对合作学习策略、自我管理策略、个人能力等的提升给予支持？
- 参与在线讨论有助于提升写作技能吗？在要求持续参与与小组讨论的课程中，写作能力的欠缺会导致学生放弃吗？
- 非同步的学习环境为妇女、少数民族学生的学习提供了更加公平的机会吗？
- 在线教学者如何利用技术进步来保证学术诚信？
- 基于学生回答的水平生成学习内容的个性化教学，其功效如何？这一方式有利于节约学习者的时间和成本吗？对高等院校而言呢？

参考文献

Allen, I. E., & Seaman, J. (2007). *Online nation: Five years of growth in online learning.* Needham, MA: Sloan Consortium.

Althaus, S. (1997). Computer-mediated communication in the university classroom: An experiment with online discussions. *Communication Education, 46,* 158-174. doi:10.1080/03634529709379088

Bartoletti, R. (2007). *Discussion board assignments.* Denton, TX: Texas Woman's University. Retrieved from http://www.twu.edu/downloads/de/discussion_rubric.pdf

Bell, P. D., & Akroyd, D. (2006). Can factors related to self-regulated learning predict learning achievement in undergraduate asynchronous web-based courses? *International Journal of Instructional Technology and Distance Learning, 3*(10). Retrieved from http://itdl.org/index.htm

Betts, K. (2009). Lost in translation: Importance of effective communication in online education. *Online

Journal of Distance Learning Administration, 12(2). Retrieved from http://www.westga.edu/~distance/ojdla/

Bixler, B. A. (2008). *The effects of scaffolding student's problem-solving process via question prompts on problem solving and intrinsic motivation in an online learning environment.* Unpublished doctoral dissertation, Pennsylvania State University, State College.

Blocher, J. M., de Montes, L. S., Willis, E. M., & Tucker, G. (2002). Onlinelearning: Examining the successful student profile. *The Journal of Interactive Online Learning, 1*(2). Retrieved from http://www.ncolr.org/jiol

Boettcher, J. V., & Conrad, R. M. (2010). *The online teaching survival guide: Simple and practical pedagogical tips.* San Francisco, CA: Jossey-Bass.

Brooks, D. W., Nolan, D. E ., & Gallagher, S. J. (2003). Automated testing. *Journal of Science Education and Technology, 12*, 183-186. doi:10.1023/ A:1023943912275

Capella University. (2011). *History of Capella University.* Retrieved from http://www. capella.edu/about_capella/history.aspx

Castaneda, R. 2008. *The impact of computer-based simulation within an instructional sequence on learner performance in a web-based environment.* Unpublished doctoral dissertation, Arizona State University, Tempe.

Chang, M. M. (2007). Enhancing web-based language learning through selfmonitoring. *Journal of Computer Assisted Learning, 23*, 187-196. doi:10.1111/j.1365-2729.2006.00203.x

ChanLin, L. (1998). Animation to teach students of different knowledge levels. *Journal of Instructional Psychology, 25*, 166-175.

Chickering, A. W., & Gamson, Z. F. (1991). Appendix A: Seven principles for good practice in undergraduate education. *New Directions for Teaching and Learning, 1991*(*47*), 63-69.

Chou, C. (2001). Formative evaluation of synchronous CMC systems for learnercentered online course. *Journal of Interactive Learning Research, 12*, 173-192.

Chung, S., Chung, M., & Severance, C. (1999, October). *Design of support tools and knowledge building in a virtual university course: Effects of reflection and selfexplanation prompts.* Paper presented at WebNet 99 World Conference on the WWW and Internet Proceedings, Honolulu, HI.

Clark, R., & Mayer, R. E. (2008). *E-learning and the science of instruction: Proven guidelines for consumers and designers of multimedia learning* (2nd ed.). San Francisco, CA: Pfeiffer.

Cook, D. A., Dupras, D. M., Thompson, W. G., & Pankratz, V. S. (2005). Webbased learning in residents' continuity clinics: A randomized, controlled trial. *Academic Medicine, 80*, 90-97. doi:10.1097/00001888-200501000-00022

Craig, S. D., Gholson, B., & Driscoll, D. M. (2002). Animated pedagogical agents in multimedia learning environments: Effects of agent properties, picture features, and redundancy. *Journal of Educational Psychology, 94*, 428-434. doi:10.1037/0022-0663.94.2.428

Crippen, K. J., & Earl, B. L. (2007). The impact of web-based worked examples and self-explanation on performance, problem solving, and self-efficacy. *Computers & Education, 49*, 809-821. doi:10.1016/j.compedu.2005.11.018

Daniel, D. B., & Broida, J. (2004). Using web-based quizzing to improve exam performance: Lessons learned. *Teaching of Psychology, 31*, 207-208. doi:10.1207/s15328023top3103_6

Debowski, S., Wood, R., & Bandura, A. (2001). Impact of guided exploration and enactive exploration on self-regulatory mechanisms and information through electronic search. *Journal of Applied Psychology, 86*, 1129-1141. doi:10.1037/0021-9010.86.6.1129

Diaz, D. P. (2002). Online drop rates revisited [Commentary]. *The Technology Source* (May/June). Retrieved from http://technologysource.org/

Ebbinghaus, N. (1913). *Memory* (N. R. Ruger & C. E. Bussenius, Trans.). New York, NY: Teacher's College. (Original work published 1885)

Ericsson, K. A. (2006). The influence of experience and deliberate practice on the development of superior expert performance. In K. A. Ericsson, N. Charness, P. J. Feltovich, & R. R. Hoffman (Eds.), *The Cambridge handbook of expertise and expert performance* (pp. 685-706). Cambridge, England: Cambridge University Press.

Ginns, P. (2005). Meta-analysis of the modality effect. *Learning and Instruction, 15*, 313-331. doi:10.1016/j.learninstruc.2005.07.001

Grant, L. K., & Courtoreille, M. (2007). Comparison of fixed-item and responsesensitive versions of an online tutorial. *The Psychological Record, 57*, 265-272.

Gurung, R. A. R., Wilhelm, T., & Filtz, T. (in press). Optimizing honor codes for online test administration. *Ethics & Behavior.*

Hannay, M., & Newvine, T. (2006). Perceptions of distance learning: A comparison of online and traditional learning. *Journal of Online Learning and Teaching, 2*(1). Retrieved from http://jolt.merlot.org/Vol2_No1.htm

Hayes, S. K. (2007). Principles of finance: The design and implementation of an online course. *Journal of Online Learning and Teaching, 2*, 460-465. Retrieved from http://jolt.merlot.org/Vol3_No4.htm

Higher Education Opportunity Act of 2008, Pub. L. No. 110-315, 122 Stat. 3078 (2008).

Hilbelink, A. J. (2007). *The effectiveness and user perception of 3-dimensional digital human anatomy in an online undergraduate anatomy laboratory.* Unpublished doctoral dissertation, University of South Florida, Orlando.

Hrastinski, S. (2008). Asynchronous and synchronous e-learning. *EDUCAUSE Quarterly*, *31*(4), 51-55. Retrieved from http://www.educause.edu/eq

Issenberg, S. B., McGaghie, W. C., Petrusa, E. R., Gordon, D. L., & Scalese, R. J. (2005). Features and uses of high fidelity medical simulations that lead to effective learning: A BEME systematic review. *Medical Teacher, 27*, 10-28. doi:10.1080/01421590500046924

Jonassen, D. H., Lee, C. B., Yang, C.-C., & Laffey, J. (2005). The collaboration principle in multimedia learning. In R. E. Mayer (Ed.), *The Cambridge handbook of multimedia learning* (247-270). New York, NY: Cambridge University Press.

Kaplan, R. M., & Saccuzzo, D. P. (2009). *Psychological testing: Principles, applications, and issues* (7th ed.). Belmont, CA: Wadsworth, Cengage Learning.

Liu, S. Y., Gomez, J., & Yen, C. (2009). Community college online course retention and final grade: Predictability of social presence. *Journal of Interactive Online Learning*, 8(2), 165-176. Retrieved from http://www.ncolr.org/jiol/about.html

Mayer, R. E. (1989). Systematic thinking fostered by illustrations in scientific text. *Journal of Educational Psychology*, *81*, 240-246. doi:10.1037/0022-0663.81.2.240

Mayer, R. E., & Anderson, R. B. (1991). Animations need narrations: An experimental test of a dual-processing systems in working memory. *Journal of Educational Psychology*, *90*, 312-320. doi:10.1037/0022-0663.90.2.312

Mayer, R. E., Dow, G., & Mayer, S. (2003). Multimedia learning in an inter-active selfexplaining environment: What works in the design of agent based microworlds? *Journal of Educational Psychology*, *95*, 806-812. doi:10.1037/0022-0663.95.4.806

McCabe, D. L., & Trevino, L. K. (1997). Individual and contextual influences on academic dishonesty: A multicampus investigation. *Research in Higher Education*, *38*, 379-396. doi:10.1023/A:1024954224675

McCabe, D. L., Trevino, L. K., & Butterfield, K. D. (1999). Academic integrity in honor code and non-honor code environments: A qualitative investigation. *The Journal of Higher Education*, *70*, 211-234. doi:10.2307/2649128

McCabe, D. L., Trevino, L. K., & Butterfield, K. D. (2002). Honor codes and other contextual influences on academic integrity. *Research in Higher Education*, *43*, 357-378. doi:10.1023/A:1014893102151

Mehrotra, C. M., Hollister, C. D., & McGahey, L. (2001). *Distance learning: Principles for effective design, delivery, and evaluation*. Thousand Oaks, CA: Sage.

Meyer, K. A. (2003). Face-to-face versus threaded discussion: The role of time and higher-order thinking. *Journal of Asynchronous Learning Networks*, *7*, 55-65.

Miller, M. V. (2009). Integrating online multimedia into college course and classroom: With application to the social sciences. *Journal of Online Learning and Teaching, 5*, 395-423. Retrieved from http://jolt.merlot. org/Vol5_No2.htm

Moreno, R. (2004). Decreasing cognitive load for novice students: Effects of explanatory versus corrective feedback on discover-based multi-media. *Instructional Science, 32*, 99-113.

Moreno, R., & Mayer, R. E. (1999). Cognitive principles of multimedia learning: The role of modality and contiguity. *Journal of Educational Psychology, 91*, 358-368. doi:10.1037/0022-0663.91.2.358

Moreno, R., & Mayer, R. E. (2002). Learning science in virtual reality multimedia environments: Role of methods and media. *Journal of Educational Psychology, 94*, 598-610. doi:10.1037/0022-0663.94.3.598

Mostyn, G. (2009). An application of contemporary learning theory to online course textbook selection. *The Journal of Online Learning and Teaching, 5*, 649-657. Retrieved from http://jolt.merlot.org/Vol5_No4. htm

Ocker, R. J., & Yaverbaum, G. J. (2001). Collaborative learning environments: Exploring student attitudes and satisfaction in face-to-face and asynchronous computer conferencing settings. *Journal of Interactive Learning Research, 12*, 427-449.

Ollerenshaw, A., Aidman, E., & Kidd, G. (1997). Is an illustration always worth ten thousand words? Effects of prior knowledge, learning style, and multimedia illustrations on text comprehension. *International Journal of Instructional Media, 24*, 227-238.

Palloff, R., & Pratt, K. (2003). *The virtual student.* San Francisco, CA: Jossey-Bass.

Rawson, K. A., & Kintsch, W. (2005). Rereading effects depend on time of test. *Journal of Educational Psychology, 97*, 70-80. doi:10.1037/0022-0663.97.1.70

Rudestam, K. E. (2004). Distributed education and the role of online learning in training professional psychologists. *Professional Psychology: Research and Practice, 35*, 427-432. doi:10.1037/0735-7028.35.4.427

Rudestam, K. E., & Schoenholtz-Read, J. (2002). *Handbook of online learning: Innovations in higher education and corporate training.* Thousand Oaks, CA: Sage.

Saito, H., & Miwa, K. (2007). Construction of a learning environment supporting learners'reflection: A case of information seeking on the web. *Computers & Education, 49*, 214-229. doi:10.1016/j.compedu.2005.07.001

Schwartz, B. M., Tatum, H. E., & Wells, J. W. (2012). The honor code: Influences on attitudes, behaviors, and pedagogy. In R. E. Landrum & M. A. McCarthy (Eds.), *Teaching ethically: Challenges and opportunities.* Washington, DC: American Psychological Association.

Shaw, G. P., & Pieter, W. (2000). The use of asynchronous learning networks in nutrition education: Student attitude, experiences and performance. *Journal of Asynchronous Learning Networks, 4*, 40-51.

Smith, G. G., Ferguson, D., & Caris, M. (2002). Teaching online versus face-to-face. *Journal of Educational*

Technology Systems, 30, 337-364. doi:10.2190/FFWX-TJJE-5AFQ-GMFT

Svinicki, M., & McKeachie, W. J. (2009). *McKeachie's teaching tips: Strategies, research, and theory for college and university teachers*. Boston, MA: Houghton-Mifflin.

Tu, C. (2002). The measurement of social presence in an online learning environment. *International Journal on E-Learning, 1*(2), 34-45.

U.S. Department of Education. (2009). *Evaluation of evidence-based practices in online learning: A meta-analysis and review of online learning studies*. Washington, DC: Author.

Uribe, D., Klein, J., & Sullivan, H. (2003). The effect of computer-mediated collaborative learning on solving ill-defined problems. *Educational Technology Research and Development, 51*, 5-19. doi:10.1007/BF02504514

Wang, A. Y., & Newlin, M. H. (2000). Characteristics of students who enroll and succeed in psychology web-based classes. *Journal of Educational Psychology, 92*, 137-143. doi:10.1037/0022-0663.92.1.137

Wiggins, G., & McTighe, J. (2005). *Understanding by design* (Expanded, 2nd ed.). Alexandria, VA: Association for Supervision and Curriculum Development.

Wojciechowski, A., & Palmer, A. B. (2005). Individual student characteristics: Can any be predictors of success in online classes? *Online Journal of Distance Learning Administration, 8*(2). Retrieved from http://www.westga.edu/~distance/ojdla/

Zhang, K. (2004). *Effects of peer-controlled or externally structured and moderated online collaboration on group problem solving processes and related individual attitudes in well-structured and ill-structured small group problem solving in a hybrid course*. Unpublished doctoral dissertation, Pennsylvania State University, University Park.

第 5 章　体验式学习

克里斯汀·威斯皮亚（Kristin M. Vespia）

乔吉娜·威尔逊（Georjeanna Wilson-Doenges）

瑞安·马丁（Ryan C. Martin）

迪尔德丽·拉多舍维奇（Deirder M. Radosevich）

体验式学习（experiential learning）并不是一个新概念，但却是经常被误解的一个概念。根据科尔布等人的观点，学生必须以某种方式将自身的经验进行转化，以促成学习的发生。他们指出，判断一项活动是否是体验式学习，仅仅通过学生简单地参与小组活动（如主动学习）或者为了达成课程要求到社区做志愿者（如服务学习）是不够的，学习必须通过反思这些活动，基于反思形成抽象概念，积极对概念进行验证，从而才能建构起真正的体验式学习。在本章中，我们考察了几种常见的体验式学习方法，如服务学习与本科生助研或学徒制。尽管本章所展现的观点对多个学术领域和各级教育都是适用的，但我们所关注的焦点是心理学学科和本科生教育。对于为了培养从心理学意义上而言是受过教育的学生的本科教育，体验式学习对其质量有重要的影响，同时，体验式学习也是很多教育项目的要素。

服务学习

在所有能够增加本科生教育体验的体验式学习方式中，关于服务学习（service learning）的研究文献最多。一项关于服务学习研究成果的荟萃分析，指出围绕"服务学习"开展实践和写作发表的学科领域集中在工商管理、社会工作、教育学。服务学习将教育与社区中有组织的服务连接在一起，让学生走出教室，到各种组织中去为社区服务。这种类型的社会响应体验，有很深的理论背景，也有相关的经验证据证明其能够产出积极成果，包括学生在学术、个人、公民、社会等变量方面的变化。

服务学习的形式

真正的服务学习，其学习体验必须是这样一种教育活动，即以学分为目标、满足明确的社区需求、以某种形式对课程内容进行反思。在各种服务学习中，与社区成员和各类组织直接接触的"量"差别很大。一些是将机构代表请进校园，学生在教室里完成该机构分派的任务，在这种模式中学生甚至从未踏足过这一机构。另外一些，学生在周末与机构成员直接接触所花费的时间是其课时的数倍。每学期对服务时数的要求也有很大的差别，有一些要求低于 10 小时，另一些则要求超过 40 小时。

服务学习的成果

康威等人曾经专门梳理过多个学科领域服务学习成果的实证研究。有上百份的研究表明服务学习对学习成果有积极作用，他们将这些积极成果分为四类，即学术的（academic）、个人的（personal）、社会的（social）、公民的（citizenship）。服务学习对这四类成果都有不同程度的影响，每门课程中所包含的结构化反思与课内服务的数量会影响积极作用的发挥程度。在结构化反思中，学生通过某种形式的强制性反思（如论文或日志），将源自某一领域的服务体验与学术环境中的学习建立连接。针对上述连接再进行的反思促进了所有四种成果发生积极变化，尤其是在个人的成果方面。此外，课内服务学习比没有受到教育性约束的课外服务学习的积极作用更大。

服务学习的最佳实践

根据那些证明服务学习对学生学习有强烈积极作用的文献，我们总结了一些将服务学习作为一种体验式学习技术的最佳实践。

使用结构化反思

在对服务学习成果有积极作用的形式中，结构化反思是其中一种有充分证据的形式。例如，学生通过撰写日志的方式将自己的现场体验与课内概念连接，围绕服务和课程内容的连接展开讨论，通过完成写作任务的方式来反思某一个有关连接课程目标与服务学习的深层次问题。所有形式的反思，尤其是被用于追求课程学习最大化与连接服务和课程内容的时候，似乎对促进学生在取得学术、个人、社会、公民等方面的学习成果是有效的。

与客户直接接触

与客户有直接接触的服务学习参与者，在困境中恪守承诺和理解社区难题方面有更好的表现。伦迪发现，和服务对象的直接接触与项目结束后服务学习者的共情心理有相关关系。和边缘人群的直接接触，能够改变参与者的既有信念与态度。对于连接学生与其服务人群而言，如果直接接触不可行，与机构代表进行接触也是一个次优选择。然而，在将本科生置于与客户直接接触的情境中时，也有一些需要注意的伦理问题。虽然同情心与态度的变化是明显的，但对于那些尚未准备好或不能在直接接触情境中达到服务学习要求的学生来说，这可能会增大他们的压力，也可能会给客户带来不利影响。目前，关于服务学习中的伦理问题还需要更多的实证研究。

持续给予反馈

由同学、教授，抑或服务对象，向学习者提供的频繁的、具体的反馈，能够帮助他们从服务学习中更大地受益。为了确保持续性的反馈，可以将项目分解为若干个部分，然后在整个学期对各个部分进行评价，在课堂上给学生专门的学习时间对提升项目质量也是有益的，对学生的体验亦然。

创设支持自主的学习环境

服务学习能够创设一个让学生感受到积极的与支持自主的学习环境。基于"自我决定理论"（self-determination theory）的一些研究结论，表明服务学习作为一种教学工具的，通过创设一个支持自主学习的环境（包括选择权与所有权，同时与教师和同伴保持连接），会影响学习动机与学习成果。相关的最佳实践也建议应当开发支持自主的、包括选择权的服务学习项目。基于在确定服务学习目的地之前所收到的信息，包括由社区伙伴或社区服务中心所做的演讲（如果条件允许的话），学生能够自主选择项目。其他通过连接学生与社区组织，并帮助他们自主解决问题的方式，以提高服务学习课程自主支持力度的方式还有：提供体验式活动（如现场工作）和基于问题的学习方式（problem-based learning）（如让学生在社区现场探索问题对策）。

实　习

实习，为学生提供了一个在特定环境中花费数小时以达到如下要求的机会：（1）应用从此前课程中所学到的知识；（2）进行批判性思考；（3）反思自己的学习体验。实习还为学生提供了一个积累与工作相关经验的机会，有助于提升他们在求职时或研究生项目中的竞争力。通过将实习纳入课程体系，大学可以更大程度地实现将课堂内的概念学习与亲身实践的学习相连接所带来的价值。实习对学生有很多的益处，如师徒制、交流机会，以及提升他们更加深入理解其可能的职业选择的能力的机会。

实习的形式

目前的本科生教育项目中，已经有多种类型的实习模式。一些项目学生可以从中获得报酬，一些项目学生可以获得学分，也有一些项目同时提供报酬和学分。虽然本科生能够向公众提供的心理服务是有限的，但已经有大量的项目与教授能够为他们提供实习机会。尽管受此限制，学生还是有很多与心理服务从业者一起从事有意义的工作的机会。美国心理学学会（American Psychological Association, APA）为本科生列出了一份关于实习机会的清单。

实习的成果

虽然实习是本科课程最常用的一种手段，但关于其对体验式学习的效用却很少有人研究。一项研究发现，精心设计的实习更有利于学生同时在个人目标与课程目标两个方面取得成功。尤其是当学生在能够明确自我定位、只向一个人负责、能得到关于其表现与交流过程的具体反馈的时候。这些发现表明，当实习目标清晰，且同时受到教授与现场导师的认可时，学生能够在实习场地进行更好的学习。另一个重要的问题是，将反思作为学习过程的组成部分。作者们认为，单个学生所进行的反思有助于他们更好地将理论概念与应用技能进行整合。夏泽尔认为西弗学院的"体验式实习学习项目"（Experiential Internship Learning Program，EILP）是专门针对促进体验式学习的一个典型案例。他发现该项目在一般性知识的基础上，通过同时提升口头与书面表达技能来影响学生的学习，学生也对自己在此项目中的学习体验表示满意。

实习的最佳实践

尽管相关的实证研究很少，通过对已有文献以及与此相关的其他专业文献进行仔细梳理，仍然可以发现下述的一些方法对体验式学习是有益的。

确定学习目标与责任

通过明确他们想要锻炼的应用技能，学生能够将实习目标与个人的学习目标相结合，从而有助于加深其对课程内容中相关理论概念的理解。因此，学生应当确定一个与教师的教学目标相一致的学习目标。教师与现场导师也应当明确具体的实习职责，以保证学生明确地理解教师与现场导师对自己的期望。教师还应当在实习开始之前，对学生能力、交往技能、成熟度等作出评判，以预防公众与学生可能会遭遇的伦理问题。此外，还需要保证实习导师与教师能够为学生提供一个积累有意义的工作经验的机会，这将帮助学生更加深入地应对和反思由学生、教授、实习导师共同确定的学习目标。

保证围绕实习评价持续地交流

教师和实习导师应当共同确定对实习的评价方式，以及具体的评估频率和时间。有研究者建议，应当在实习的中期和末期进行评价。相关的反馈会就学生的不断调整给出建议，也会帮助他们思考如何提升技能。

撰写反思报告或日志／记录

与其他形式的体验式学习一样，针对实习体验的反思是促进学生理论联系实践的重要一步。鼓励学生每天根据实习体验撰写日志，能够督促他们主动反思学习体验，以免限于没有将体验与技术或理论概念相连接而带来的被动的、仅停留在应用层面的学习经历。

本科生助教

另一种体验式学习的形式是让学生参与教学。助教（Teaching Assistants, TAs），在研究生阶段是很普遍的，针对研究生助教的文献也有很多。就本科阶段而言，助教形式的体验式学习更关注的是助教的学习，而非完成院系所要求的服务任务。针对某一主题进行教学，被认为是学习相关内容的最为有效的途径。尽管尚需更多的经验证据来证明这一论断的有效性，但我们认为本科生助教经历的确有助于强化教学论知识，提升团队引导、领导力、演讲等技能。

本科生助教的形式

本科生助教可以发挥许多作用。他们可以带领讨论，协助课堂活动或问题式学习的小组活动，作课堂记录，提供一对一辅导或起草论文评语，讲授一堂课或一个教学片段，带领复习课，协助评阅，记录任务完成情况但不评分，甚至可以协助诸如"美国心理学学会写作体例"或"计算机统计软件包"等具体技能的培养。在多数情况下，助教都能够获取学分，但也有一些没有学分或者报酬，只有书面的致谢。他们还可以在导论课，或更加高级的课程（如研究方法、心理测试、临床心理学等）中发挥作用。当然，无论是赋予助教高于同伴的权威，还是仅仅以旁观者身份参与，都可能会引发一些伦理问题甚至法律问题，如遵守《家庭教育权与隐私权法案》（*Family Educational Rights and Privacy Act*）。相关的担忧可能涉及：（1）助教承担的课程任务适当与否；（2）为了促进助教的学习，是否会影响其同伴的整体学习质量；（3）教师是否会为了降低自身的工作负担而过度使用助教。

本科生助教的成果

多数关于本科生助教的文献都是描述性的，而且并没有直接针对所有的伦理隐忧，或者助教的潜在作用，相反地，他们关注的是使用助教的方式，或者关于教师和学生对助教经历的理解。已有的关于本科生助教成果的研究表明，助教经历有助于助教们提升专业自信与专业连接度，加深对教师角色的理解，强化文献检索与美国心理协会写作体例等技能，明确自身不足，更加有效地从事跨文化工作。其他的一些好处还包括：为研究生学习做更好的准备，获得助教岗位的竞争力；掌握相关的职业信息；增加自信；等等。一个有趣的现象是，经常且正式地反思助教工作（如日志）的助教相比没有如此做的助教，前者有更多的人后来进入了研究生阶段的学习。除自评报告以外，一份关于本科生助教经历的前后测对比发现，在期末考试中有助教经历的学生明显考得更好，表明他们很好地处理了助教工作与课程学习二者之间的关系。有研究指出，学生认为本科生助教比研究生助教对他们的学习帮助更大，这与怀特和科布尔的研究发现也是一致的，后者曾指出在对本科生助教和研究生助教进行评价时，学生给本科生助教的评价明显更高。

本科生助教的最佳实践

现有的关于教学助理的研究，一般也会探讨如何保证助教经历成为一种真正的本科阶段体验式学习的建议，这些建议与前文所讨论的关于服务学习和实习的最佳实践有很多都是相通的。

正式的遴选与培训

对助教进行仔细的遴选与培训，能够保证他们具备适当的知识与技能，以及足以带领同伴的成熟度。培训应当得到使用助教的教师和相关文献的支持，同时处理好其与研究生助教培训和更高的教学自我效能感之间的关系。霍根等人对一场包括带领讨论、评价学习等主题在内的，一学分的助教研修作了考察，他们指出，助教们认为最值得学习的主题是教学伦理、问题式学习、评价项目分析。

明确角色、目标与学习成果

有教师指出，与助教们保持联系有利于教师理解自己和助教的角色与任务。明确的角色与期望可能有助于学生更好地理解他们要做什么以及如何实现这些学习目标。对具体学习成果的界定与评价有助于保持对助教教育的关注，以及应对一些可能的伦理隐忧。

纳入结构化反思活动

虽然样本量非常小，但是韦德尔特等人的研究发现表明，针对助教经历的结构化反思与积极的学习成果相关。让学生保持撰写日志，或围绕所学的东西展开系统化的讨论，可能促进他们取得额外的进步。

考虑组建助教团队

考虑到学生将要承担一个他们并不熟悉的角色，而且学生认为可以从与其他助教的互动中相互学习，在一门课程中使用一个以上的助教或在不同课程/章节中同时使用多个助教以开展持续的培训或反思，可能有助于提升助教的学习体验。

通过体验式学习开展和参与研究

相对而言，本科生助教是较近才有的，当教师在思考为学生创造体验式学习机会的时候，最容易想的是服务学习与实习，因为一想到它们脑海中就会浮现社区连接。还有另一种与心理学课程核心学习目标之一明确相关的体验式学习方式，就是研究方法。

通过体验式学习开展和参与研究的形式

两种常见的让本科生参与心理学研究的方式是：以被试身份参与对自己的实证研究，真正实际地开展研究。这两种体验在当前的课堂上都是有可能实现的。

以被试身份参与研究

心理学学科的教师有很多帮助学生体验研究过程的方式。最常见的形式就是让学生成为被研究的对象，有 33% 的授予本科学位的院校与 74% 的授予研究生学位的院校，都有一个院系层面的"被试库"，这也是一个潜在的体验式学习工具。有趣的是，关于被试库的学习价值的实证研究还很少，而且已有的研究结论也五花八门。有一些人发现，对"以被试身份参与研究"的许可会有损心理学与心理学研究的价值，同时也有另一些人发现，被试身份有助于加深对伦理性的研究实践、被试自身或者研究内容的理解，对心理学有更加积极正向的认知。

亲自开展课内研究

除了以被试身份参与研究，另一种学生可以学习研究的方式是，自己动手开展一项课内研究项目，这也是体验式学习的另一种可能的方式。教育者已经确信这些课内项目有助于学生识别研究的相关性，而且由于心理学学科将科学方法视为研究的一个核心元素，在学术生涯中，自己动手完成一个研究项目会带给学生更为直观的感受。

已经有大量关于如何组织课内研究项目的文献。其中一些已经找到了在指定学期组织多种学生研究项目可能会面临的后勤保障问题，同时也探讨了相应的对策。例如，有研究者建议选择一个主题，在此主题之内的所有研究项目与任务都是基于时间和资源约束而设计的。同样地，也有人建议使用"罐头"项目，它们是教学者在课程开始之前就已经设计好的。提出这些建议的人同时也承认，这些方法仍然有自身的不足，它们可能会减少学生的投入或弱化学生的动机，学生会错过研究的重要环节（如提出研究问题，进行文献综述）。

与其他课程相比，课内研究项目有时可能会给学生带来更多的忧虑。为了应对这一问题，有大量的研究都建议基于问题的或基于社区的研究项目能够提供一个具体的研究情境，同时也能增强学生的动机。另有研究者建议与社区机构合作，以设计对该机构具有实际应用价值的研究项目。基于此种与外部机构的合作，学生在专业会议之外，又多了一个展示成果且有机会能够见证其项目的直接影响。

课内研究的最佳实践

不论是直接开展还是以被试身份参与研究，都是体验式学习的有效形式。教师应当清楚地知道一些能够提升相关学习体验质量的具体策略。

较早涉入

心理学学科将科学方法视作其关键。要求学生在其学术生涯的早期利用研究方法来完成他们第一次的，或许也是唯一的一次研究项目，以帮助他们更好地理解后续的学习内容。相似地，在导论课程中以被试的身份参与研究也有助于学生更好地掌握心理学学科所使用的科学方法的基本要素。

提供结构

对于新手研究者来说，研究过程可能会非常困难，因此有必要向他们提供一个关于其研究项目的结构。教学者通过向学生介绍他们必须要使用的方法，他们必须面对的被试的情况，应当开展的统计学分析，可以消除学生的某些焦虑，同时也不至于因为自己做得过多而冲淡了学生的主体性。然而，结构化的研究项目相对于非结构化项目所具有的价值，尚未得到证实，值得未来的研究给予关注。

创设情境

根据前文已经提及的文献，帮助学生认识其研究项目的实际应用价值可能会有助于强化其动机，以及对项目的主动性。

鼓励反思

正如在服务学习、实习、本科生助教等部分已经提到的一样，鼓励学生针对自己的体验开展反思，有助于促进他们的学习。不论是作为一个研究被试，还是起草一份研究计划，抑或亲身开展一个完整的研究，都应当鼓励学生对整个过程的工作进行反思。要求学生保持撰写研究方法日志或反思随笔的习惯，有助于促进他们思考自己整个学期所学的内容。

关注伦理

不论是以被试身份参与研究还是亲自开展研究，都存在一些潜在的伦理问题，教学者必须对此类问题保持高度的敏感。教学者需要知道相关的校级评审委员会（institutional review board, IRB）的政策，与相关的美国心理学学会所提供的关于这些研究的伦理方面的指南。

要求可控，提供选择，进行评估

在下列情形中，学生将从研究被试的立场学到更多：（1）研究所需的被试数量是可控的；（2）有备选的与可比的选项；（3）收到关于研究目标与结果的反馈。提供更多的备选方案能够促进学生学习，在向研究被试提供备选方案方面，教学者负有伦理责任，虽然标准的备选方案是让学生查阅相关文献。例如，可以将参与教师或学生的研究汇报，或参与研究团队的研讨作为备选方案。最后，关于被试库的研究已经清楚地表明，学生被试的学习并不是自主的，这意味着每个院校都应当对任何一个被试库的教育意义做出明确的界定。这一发现与关于体验式学习的一般性争议也是一致的，后者主张简单地参与某一活动并不足以带来学习的真正发生。

本科生助研

另一个越来越普遍的体验式学习方式是本科生助研（Research Assistantship, RA）。这类体验在大型的心理学院系、自然与物理科学院系、教学型院校中尤其常见。关于本科生助研的研究也已经持续了数十年之久，一项全国性调查研究指出，65% 的心理学院系为本科生提供教师助研岗位，27% 的心理学院系提供与研究生一起工作的机会。在本科生研究理事会（Council on Undergraduate Research, CUR）的发展历程中以及与该理事会相关的期刊中也可以发现这一发展趋势。

本科生助研已经越来越普遍，而且也发展出多种不同的形式，对于学生而言，可能会获得报酬或学分，也可能仅仅是一个志愿者岗位。学生可选择一对一的师徒制模式，或者加入更大的研究团队的方式，可能只需要工作一学期，也可能需要完成一个多学期的任务。

虽然本科生助研有很多种形式，但是有正式描述的却只有几种。吉布森等人曾经讨论过两种形式：其一，教师与学生围绕一个项目共同工作，但教师负责处理每一个学生的学习目标、训练、工作；其二，三名教师与更多的学生围绕多个相关联的项目共同工作，或者是所有成员在所有项目中扮演相同的角色，或者分成专门关注某一问题的小组。普兰特运用的是实验室模式，他与学生展开多项研究，针对每一项目每周组织讨论会议。在此通用模式下，一些学生只需花费相当少的时间履行一些基本职责，另外一些则成为单个研究的负责人，负责指导其他学生，甚至在教师的指导下撰写研究报告。相反地，舒克曼将众多本科生纳入一项获得资助的研究，但仅仅使用个别训练模式，也不组织讨论会议。琼斯与德拉海姆介绍了另一种形式，一名教师与一名学生一起高强度工作，就像教授编著教材一样。最后，国家科学基金会建立了本科生研究经验项目（Research Experiences for Undergraduates，REU），资助学生在暑期利用几周的时间开展研究，有专门的承办院校和正式的学术研讨，学生还有机会在指导教师的指导下设计和实施自己的研究。教师也可以在暑期向学生提供传统的本科生助研岗位，因为此时教师和学生都可能会有更多的时间从事学术研究。

关于本科生助研成果的评价，主要来自教师和学生的自评报告。基于教师的评价，有研究者指出了本科生助研的两种主要效用，即基于技能的（如数据分析、写作能力）与人际间的（如团队工作、认识教师）。也有研究者总结了教师所感知到的对学生的效用，包括心理学知识的增加，研究与批判思维技能，个人发展，准备研究生学习，提高教师产出，改善师生关系，等等。在学生的自评报告中，关于本科生助研经历的效用还包括有关本领域内特定主题知识的增长，如研究方法与伦理。学生提到的还有技能提升，如图书检索、信息收集与分析、写作、计算机使用、批判性思维、时间管理、演讲、自信、团队工作等。最后，学生表达了作为本科生助研的积极感受，可迁移技能的掌握，以及对未来职业选择的更多考虑。

本科生助研的最佳实践

以下关于最大限度挖掘作为一种体验式学习工具的本科生助研所具有的潜在价值的建议，都来源于已有的围绕这一主题的实证研究与专业文章。当然，在服务学习、本科生助教和前文已经讨论过的一些学习机会的最佳实践中，通常也能见到他们的身影。

设定申请或遴选程序

有一些作者对本科生助研的遴选过程与标准作了介绍，有关于院系层面的，也有关于个体层面的。设定一些正式的申请与遴选程序，对学生和教师都是有益的，因为它有助于助研、教授、项目之间更好地匹配，同时也方便相关的助研岗位更广为人知。

对助研进行正式培训

培训可能涉及小组模式或一对一指导。研究伦理与校级审查委员会的作用是培训的重要内容，因为它们对于研究者具有重要的教育意义和价值。与其他体验式学习机会一样，围绕本科生参与研究的性质与程度也可能带来潜在的伦理问题。预防此类问题的一个有用工具是许多院校及其审查委员会都会硬性要求必须有在线公布的"研究伦理模块"。

确立并评估学习成果

吉布森等人曾经介绍过如何让学生制订学习计划，在计划中需要列出他们已经掌握的研究技能，与通过承担助研工作想要学习的技能。对这些目标的正式表达，对于教师和将助研作为学习体验的学生更加明晰各自的工作都是有益的。对这些目标的达成度进行具体的评估（如测试研究知识，统计学生的合作成果）对于教师评价助研是有帮助的。

提供多学期研究经历

考虑到本科生助研还可能会产生额外的、潜在的技能收益，以及研究本身的实际情况，学生有时可能需要工作超过一个学期，以获得一段完整的学习体验。例如，有研究者发现有些教师需要学生从事为期两年的助研工作。

提供反思机会

在助研经历中，学生也可能会获得人际交往的收益，包括组建团队或研究生学习计划的改变。尽管前文述及的文献已经对潜在的效用进行了评价，要求学生反思自己所学和反思自己对助研经历的反应，这有可能会帮助学生更加清楚地认识学习成果。

考虑跨院系协作

魏门特与迪克森介绍过一个显著提升学生与教师参与度的本科生研究活动的过程。例如，开发标准的申请表并确定最后提交申报的时间节点，公告教师的研究兴趣，介绍通过多种渠道提交申请的程序，在院系的实事通信中突出显示本科生助研相关内容，为的确因为深入参与研究而分身乏术的教授提供一次重新安排课程的机会。

明悉师徒关系中的伦理问题

伦理问题并不仅仅局限于与研究参与者和研究材料的互动。教师可能会与助研形成较为亲密的，但可能有利于推进研究的关系。教授必须知晓他们手中所掌握的权力，以及双重关系或剥削的潜在风险。教师尤其需要明确其伦理责任，如正当处理作品署名权。一份清晰阐明教授和学生双方各自期望的教学大纲或合同有助于避免此类问题的发生。

表 5.1　基于证据的建议

- 确立申请、遴选、培训程序。
- 明悉学习目标、责任与研究参与者的角色（如避免双重关系，不超越培训与能力边界）。
- 整合结构化反思（如日志），表现反馈，在体验中融入学术内容，意识到单纯的参与性活动并不足以构成体验式学习。
- 通过使用团队（如本科生助教、本科生助研）或嵌入课程的体验机会（服务学习），合作学习或同伴学习可能会发生。
- 认识到不同类型体验式学习可能带来的伦理隐忧，通过对体验的精心设计以避免潜在的问题。文中所提及的多种最佳实践对于避免伦理困境（如正式的遴选与训练程序，明确角色、职责与学习成果）来说，都是有效的预防性策略。

表 5.2　未来研究的方向

- 体验式学习成果与某一领域现有的教育成功标杆相比如何？（如美国心理学学会的《本科生专业指南》）
- 体验式学习的具体的、可测量的成果是什么？（如实在的而非学生或教师感知到的知识或技能的增长，出版物、攻读研究生、求职成功等有形的成果）
- 不同的形式对于体验式学习而言，其各自的功效如何？有何差别？
- 服务学习的远期成果是什么？（已经有很多关于其即时成果的研究）
- 本科生助教、本科生助研、开展和参与研究的即时与远期成果是什么？
- 体验式学习可能面临的伦理问题有哪些？相关预防策略的效果如何？

结　论

从本章所讨论的关于特定类型的体验式学习的建议中可以总结出几个共同的主题。表5.1梳理了一些，在现有的SoTL研究成果中，基于实证的关于体验式学习技术的最佳实践。虽然还有很多尚待开展的研究（表5.2），现有的工作的确能够表明单纯地参与性经历并不能让学习真正发生。对于教育者而言，如果想向学生提供能够促进其体验式学习的经历，就很有必要投身于这些最佳实践，如对成果的系统评价，对培训、学习目标、反思等进行精心的思考。

参考文献

American Psychological Association. (2007). *APA guidelines for the undergraduate psychology major*. Washington, DC: Author. Retrieved from http://www.apa.org/ed/precollege/about/psymajor-guidelines.pdf

American Psychological Association. (2010). *Undergraduate research opportunities and internships*. Retrieved from http://www.apa.org/education/undergrad/researchopps. aspx

Baird, B. N. (2008). *The internship, practicum, and field placement handbook: A guide for the helping professions*. Saddle Brook, NJ: Prentice Hall.

Boeding, C. H., & Vattano, F. J. (1976). Undergraduates as teaching assistants: A comparison of two discussion methods. *Teaching of Psychology*, *3*, 55-59. doi:10.1207/s15328023top0302_2

Bowman, L. L., & Waite, B. M. (2003). Volunteering in research: Student satisfaction and educational benefits. *Teaching of Psychology*, *30*, 102-106. doi:10.1207/S15328023TOP3002_03

Bringle, R. G., & Duffy, D. K. (1998). *With service in mind: Concepts and models for service-learning in psychology*. Washington, DC: American Association for Higher Education.

Bringle, R. G., & Hatcher, J. A. (1995). A service learning curriculum for faculty. *The Michigan Journal of Community Service Learning*, *2*, 112-122.

Bringle, R. G., & Hatcher, J. A. (1999). Reflection in service learning: Making meaning of experience. *Educational Horizons*, *77*, 179-185.

Chapdelaine, A., & Chapman, B. L. (1999). Using community-based research projects to teach research methods. *Teaching of Psychology, 26*, 101-105. doi:10.1207/s15328023top2602_4

Connor-Greene, P. A. (2002). Problem-based service learning: The evolution of a team project. *Teaching of Psychology, 29*, 193-197. doi:10.1207/S15328023TOP2903_02

Conway, J. M., Amel, E. L., & Gerwien, D. P. (2009). Teaching and learning in the social context: A meta-analysis of service learning's effects on academic, personal, social and citizenship outcomes. *Teaching of Psychology, 36*, 233-245. doi:10.1080/00986280903172969

Deci, E. L., & Ryan, R. M. (2000). The "what" and "why" of goal pursuits: Human needs and the self-determination of behavior. *Psychological Inquiry, 11*, 227-268. doi:10.1207/S15327965PLI1104_01

Dunn, D. S., Brewer, C. L., Cautin, R. L., Gurung, R. A. R., Keith, K. D., McGregor, L. N., & Voigt, M. J. (2010). The undergraduate psychology curriculum: Call for a core. In D. F. Halpern (Ed.), *Undergraduate education in psychology: A blueprint for the future of the discipline* (pp. 47-61). Washington, DC: American Psychological Association. doi:10.1037/12063-003

Dunn, D. S., McCarthy, M. A., Baker, S., Halonen, J. S., & Hill, W. H., IV. (2007). Quality benchmarks in undergraduate psychology programs. *American Psychologist, 62*, 650-670. doi:10.1037/0003-066X.62.7.650

Evans, R. I., Rintala, D. H., Guthrie, T. J., & Raines, B. E. (1981). Recruiting and training undergraduate psychology research assistants for longitudinal field investigations. *Teaching of Psychology, 8*, 97-100. doi:10.1207/s15328023top0802_9

Fremouw, W. J., Millard, W. J., & Donahoe, J. W. (1979). Learning-through-teaching: Knowledge changes in undergraduate teaching assistants. *Teaching of Psychology, 6*, 30-32. doi:10.1207/s15328023top0601_10

Gault, J., Redington, J., & Schlager, T. (2000). Undergraduate business internships and career success: Are they related? *Journal of Marketing Education, 22*, 45-53. doi:10.1177/0273475300221006

Gibson, P. R., Kahn, A. S., & Mathie, V. A. (1996). Undergraduate research groups: Two models. *Teaching of Psychology, 23*, 36-38. doi:10.1207/s15328023 top2301_7

Hascher, T., Concord, Y., & Moser, P. (2004). Forget about theory—practice is all? Student teachers' learning in practicum. *Teachers and Teaching: Theory and Practice, 10*, 623-637. doi:10.1080/1354060042000304800

Heckert, T. M. (2009). Alternative service learning approaches: Two techniques that accommodate faculty schedules. *Teaching of Psychology, 37*, 32-35. doi:10.1080/00986280903175681

Hogan, T. P., Norcross, J. C., Cannon, T., & Karpiak, C. P. (2007). Working with and training undergraduates as teaching assistants. *Teaching of Psychology, 34*, 187-190. doi:10.1080/00986280701498608

Hurst, J. L. (2008). Factors involved in increasing conversion rates of interns into full-time employees. *Dissertation Abstracts International, 68* (9-A), 3949.

Jones, J. L., & Draheim, M. M. (1994). Mutual benefits: Undergraduate assistance in faculty scholarship. *Journal on Excellence in College Teaching, 5,* 85-96.

Kardash, C. M. (2000). Evaluation of an undergraduate research experience: Perceptions of undergraduate interns and their faculty mentors. *Journal of Educational Psychology, 92,* 191-201. doi:10.1037/0022-0663.92.1.191

Kay, T. S., & Rangel, D. K. (2009). National depression screening day: An undergraduate practicum experience. *Teaching of Psychology, 36,* 126-129. doi:10.1080/00986280902739529

Kierniesky, N. C. (2005). Undergraduate research in small psychology departments: Two decades later. *Teaching of Psychology, 32,* 84-90. doi:10.1207/s15328023top3202_1

Kiser, P. M. (2008). *The human services internship: Getting the most from your experience* (2nd ed.). Belmont, CA: Thomson.

Knouse, S. B., Tanner, J. T., & Harris, E. W. (1999). The relation of college internships, college performance, and subsequent job opportunity. *Journal of Employment Counseling, 36,* 35-43.

Kolb, A. Y., & Kolb, D. A. (2005). Learning styles and learning spaces: Enhancing experiential learning in higher education. *Academy of Management Learning & Education, 4,* 193-212. doi:10.5465/AMLE.2005.17268566

Kretchmar, M. D. (2001). Service learning in a general psychology class: Description, preliminary evaluation, and recommendations. *Teaching of Psychology, 28,* 5-10. doi:10.1207/S15328023TOP2801_02

Landrum, R. E., & Chastain, E. (1999). Subject pool policies in undergraduate-only departments: Results from a nationwide survey. In R. E. Landrum & E. Chastain(Eds.), *Protecting human subjects* (pp. 25-42). Washington, DC: American Psychological Association.

Landrum, R. E., & Nelsen, L. R. (2002). The undergraduate research assistantship: An analysis of the benefits. *Teaching of Psychology, 29,* 15-19. doi:10.1207/S15328023TOP2901_04

Levesque-Bristol, C., & Stanek, L. R . (2009). Examining self-determination in a service learning course. *Teaching of Psychology, 36,* 262-266. doi:10.1080/00986280903175707

Lundy, B. L. (2007). Service learning in life-span developmental psychology: Higher exam scores and increased empathy. *Teaching of Psychology, 34,* 23-27. doi:10.1207/s15328023top3401_5

Marek, P., Christopher, A. N., & Walker, B. J. (2004). Learning by doing: Research methods with a theme. *Teaching of Psychology, 31,* 128-131.

McKeegan, P. (1998). Using undergraduate teaching assistants in a research methodology course. *Teaching of Psychology, 25,* 11-14. doi:10.1207/s15328023top2501_4

Morris, S. B., & Haas, L. J. (1984). Evaluating undergraduate field placements: An empirical approach. *Teaching of Psychology, 11,* 166-168.

Nimmer, J. G., & Handelsman, M. M. (1992). Effects of subject pool policy on student attitudes toward

psychology and psychological research. *Teaching of Psychology*, *19*, 141-144. doi:10.1207/
s15328023top1903_2

Page, M. C., Abramson, C. I., & Jacobs-Lawson, J. M. (2004). The National Science Foundation Research
Experiences for Undergraduates Program: Experiences and recommendations. *Teaching of Psychology*,
31, 241-247. doi:10.1207/s15328023top3104_3

Perlman, B., & McCann, L. I. (2005). Undergraduate research experiences in psychology: A national study of
courses and curricula. *Teaching of Psychology*, *32*, 5-14. doi:10.1207/s15328023top3201_2

Plante, T. G . (1998). A laboratory group model for engaging undergraduates in faculty research. *Teaching of
Psychology*, *25*, 128-130. doi:10.1207/s15328023top2502_13

Prieto, L. R., & Meyers, S. A. (1999). Effects of training and supervision on the selfefficacy of psychology
graduate teaching assistants. *Teaching of Psychology*, *26*, 264-266. doi:10.1207/S15328023TOP260404

Rosell, M. C., Beck, D. M., Luther, K. E., Goedert, K. M., Shore, W. J., & Anderson, D. D. (2005). The
pedagogical value of experimental participation paired with course content. *Teaching of Psychology,
32*, 95-99. doi:10.1207/s15328023top3202_3

Sargent, L. D., Allen, B. C., Frahm, J. A., & Morris, G. (2009). Enhancing the experience of student teams in
large classes: Training teaching assistants to be coaches. *Journal of Management Education*, *33*, 526-
552. doi:10.1177/1052562909334092

Saville, B. K. (2008). *A guide to teaching research methods in psychology*. Malden, MA: Blackwell.

Schober, B., Wagner, P., Reimann, R., Atria, M., & Spiel, C. (2006). Teaching research methods in an internet-
based blended-learning setting: Viennae-lecturing. *Methodology: European Journal of Research
Methods for the Behavioral and Social Sciences*, *2*, 73-82. doi:10.1027/1614-2241.2.2.73

Shatzer, N. S. (2008). *Liberal arts experiential internship learning and assessment* (Doctoral dissertation).
Available from ProQuest Dissertations and Thesis database. (UMI No. 1490082251)

Sieber, J. E. (1999). What makes a subject pool (un)ethical? In R. E. Landrum & E. Chastain (Eds.),
Protecting human subjects (pp. 43-64). Washington, DC: American Psychological Association.

Sieber, J. E., & Saks, M. J. (1989). A census of subject pool characteristics and qualities. *American
Psychologist*, *44*, 1053-1061. doi:10.1037/0003-066X.44.7.1053

Starke, M. C. (1985). A research practicum: Undergraduates as assistants in psychological research. *Teaching
of Psychology*, *12*, 158-160. doi:10.1207/s15328023 top1203_12

Stoloff, M., McCarthy, M., Keller, L., Varfolomeeva, V., Lynch, J., Makara, K., ... Smiley, W. (2009). The
undergraduate psychology major: An examination of structure and sequence. *Teaching of Psychology,
37*, 4-15. doi:10.1080/00986280903426274

Szuchman, L. T. (2006). Aging research with students in a university with a strong teaching mission.

Educational Gerontology, 32, 527-538. doi:10.1080/03601270600723726

Tatum, H., & Schwartz, B. (2008). Summer research programs. In R. L. Miller, R. F. Rycek, E. Balcetis, S. Barney, B. Beins, S. Burns, R. Smith, & M. E. Ware(Eds.), *Developing, promoting and sustaining the undergraduate research experience in psychology* (pp. 140-142). Syracuse, NY: Society for the Teaching of Psychology. Available at http://teachpsych.org/ebooks/ur2008/index.php

Wayment, H. A., & Dickson, K. L. (2008). Increasing student participation in undergraduate research benefits students, faculty, and department. *Teaching of Psychology, 35*, 194-197. doi:10.1080/00986280802189213

Weidert, J., Roethel, A., & Gurung, R. A. R. (2010, August). Benefits of being a UTA: Hard data and critical reflections. In R. A. R. Gurung (Chair), *Best practices for training and using undergraduate teaching assistants*. Symposium conducted at the 118th annual meeting of the American Psychological Association, San Diego, CA.

Weis, R. (2004). Using an undergraduate human-service practicum to promote unified psychology. *Teaching of Psychology, 31*, 43-46.

White, K. M., & Kolber, R. G. (1978). Undergraduate and graduate students as discussion section leaders. *Teaching of Psychology, 5*, 6-9. doi:10.1207/s15328023top0501_2

Wiggins, S., & Burns, V. (2009). Research methods in practice: The development of problem-based learning materials for teaching qualitative research methods to undergraduate students. *Psychology Learning & Teaching, 8*, 29-33. doi:10.2304/plat.2009.8.1.29

Wilson-Doenges, G., & Martin, R. C. (2008, August). *What do students really learn from mandatory participant pools*? Poster session presented at the 116th annual meeting of the American Psychological Association, Boston, MA.

Yates, M., & Youniss, J. (1996). A developmental perspective on community service in adolescence. *Social Development, 5*, 85-111. doi:10.1111/j.1467-9507.1996. tb00073.x

第 6 章　学生应当如何学习？

里根·古伦（Regan A. R. Gurung）

李·麦卡恩（Lee I. McCann）

未能取得理想成绩的学生经常表示他们学习很努力，也能够描述出他们所开展的各种耗时却又并不怎么有效的学习活动，进而向他们的教学者求助如何才能提高学习成绩。针对这样的问题，教学者给学生的建议有很多，包括"上课之前预习课本与阅读作业""好好做笔记并经常自测"等。一些课本也会提供关于如何更好地学习的建议，另外还有很多专门的学生学习指南。然而，相关的研究文献对学习技巧是怎么说的呢？怎么做才是有效的？在本章中，我们将梳理和评述关于学习技巧的经验证据类文献，向教学者给出一些关键的建议，帮助他们优化教学以促进学生学习，同时也将探讨值得未来研究关注的问题。

教师为何要关心学生学习？

这一问题的回答可能并不像看起来那么容易。大学教师可能会认为学生在中学阶段就已经掌握了良好的学习技巧，或者认为这是教务人员的工作，抑或是应该由大一年级的教育项目提供相关的培训。教学者为什么要关注他们的学生如何学习呢？现在我们都已经清楚地知道好的学习行为有助于取得学习的成功。事实上，学习行为所预测的只是学习表现是否高于标准化测试水平或超过之前的成绩（如高中阶段的 GPA）。有研究者对关于大学生"十大学习技巧"的结构效度与预测效度的 344 份研究作了一项荟萃分析。他们发现，对于预测学生大一年级的 GPA，学习行为具有"大量增值效度"，也发现学习行为与学习技巧之间存在中等程度（$\rho=0.27$）的相关性。这些发现表明，学习行为对于学生成功具有关键作用，而且教师需要予以注意。在另一份荟萃分析中，研究人员从 15 000 份相关研究中提取了 800 份样本，发现以提升学习技巧为目标的干预行为确实发挥了很明显的作用，就效应值而言，达到了 0.59（教授学习技巧）、0.71（分散—集中练习）、0.69（元认知策略），显著高于之前所认定的平均水平（0.40）。

什么是真正的学习行为？

学习行为（study behaviors），可以广义地定义为以信息的取得、组织、综合、评价、记忆、使用等为目标的各种行为。这些行为包括：目标设定，确定学习的内容、方式与地点，做良好的笔记，阅读，自测。一份关于学习行为的文献述评总结了三个主要的领域：（1）学习习惯、技巧与态度；（2）学习中的信息处理；（3）元认知能力。学习技巧（study skills），指的是学生关于学习策略与手段的知识，包括时间管理能力在内。学习习惯（study habits），指的是学习行为的参与度（如记诵）。学习态度（study attitudes），指的是学生对学习行为所持的态度与"对大学更广义的教育目标的接受度和认同度"。信息处理方法（informational processing approaches）考察的是信息处理的水平，当学生将新知与旧知联系起来或者能够巧妙地应对学习（如应用、评价、综合）的时候，就意味着深层次的信息处理。相反地，当学生通过机械背诵学习时，则代表着浅层次的信息处理。

多年来，对学习行为进行了多种多样的操作化和处理。一些研究者通过相关的测量指标来区别高分学生与低分学生，另一些通过理论性更强的，如信息处理方法来测量学习行为，还有一些人则是在观察学生行为的基础上演绎出测量指标。因此，现在有很多种不同的学习行为测量方法，下文将展开讨论。

学习行为的主要测量措施

针对学习行为，或称学习技巧、学习策略、学习技术的测量，可以作为帮助教师识别需要额外帮助的学生的诊断工具，也可以帮助学生更加明晰自己的优势与劣势，并寻求优化学习的建议。

由于学习行为与学习成果（通过考试成绩或课程评分予以确认的）之间存在的明显关系，为了迎合那些寻求学习帮助的学生，已经形成了一个很大的自助服务市场，其所提供的服务类型与所依赖的经验基础也是五花八门。许多指南都涵盖诸如多元智能、学习风格、时间管理等主题，同时为更好地阅读、做笔记、记忆、考得更好等提供各种按部就班的策略。虽然也有一些指南会提供一些关于其建议的经验证据，但大部分都没有这样做。例如，纽波特的指南，以与获得高分的大学生的访谈为基础，同时还会介绍这些高分学生的一些轶事（如尽量减少花在作业上的时间，将精力投入到真正需要学习的地方）。许多指南以大一新生高中阶段的学习为考察对象，其中的许多建议并不一定源自或能够印证相关的以学习技术为关注点的经验研究。

虽然，近几年来开始出版了很多非经验性的自助学习指南，但对学习行为的研究却在很早之前就已经开始了。早期学习行为研究可以追溯到 1933 年的《雷恩学习习惯目录》，1944 年洛克的《学习技巧目录》与 1955 年布朗与霍尔茨曼开展的"学习习惯与态度调查"（Survey of Study Habits and Attitudes, SSHA）。学习习惯与态度调查包括四个主要的变量：避免延迟、工作方法、教育认同、教师认可。最近，研究者又开始普遍地使用"学习与研究策略目录"（the Learning and Study Strategies Inventory）。

什么是最优？

有大量的研究都致力于找到"最优的技术"或"成功的学业成绩与学习"。现有的大量文献可以归结为两大领域：（1）启发式方法，描述教学与学习之间的一般性关系；（2）关于元认知与自主学习的发现，阐述学习者如何有选择性地与变化性地使用启发式方法。并不存在对所有时间、所有学习者、所有课堂都适用的万能方法。遗憾的是，由于过去的研究在数量上并不多，其结论又常常模糊不清（如在一项研究中被证明是有效的，常常在另一项研究中又被证明是无效的），教学者很难从中找到能够向学生推荐的，同时又有着最好经验基础的，关于如何学习的建议。

关于什么可能是最佳的学习方法，认知与教育心理学领域曾有一份简短的清单。例如，统一学习模式（Unified Learning Model, ULM），提出了关于如何将动机的、认知的、神经生物学等科学用于辅助教学与学习。该模式强调，新的学习的发生需要注意力、精力、重复、建立连接，同时也指出虽然"所有的神经的学习方式都一样"，但没有任何一种教学方法或学习技术能给所有学生带来相同的学习结果。

有研究指出，当教师给出一个对于学生而言是比较理想的难度时，可能会带来最优的学习。理想的难度，是指要求学生付出努力但同时又具有挑战性的学习情形，据说有助于产生实际的且更加持久与灵活的学习。关于如何实现，建议如下：

■ 使练习的环境多样化（如在不同的教室学习）；

■ 将学习或练习分散化；

■ 针对不同的学习任务提供"交叉—封闭"的指导（如同时而不是分别给出两组混杂的信息）；

■ 培养学生自求答案或自我测试。

关于上述每一条建议，都有很多实证的研究和有力的数据。例如，有四组学习斯瓦希里语词汇表的学生，第一组学生的学习和考试针对新单词，第二组的学习和考试针对所有单词，第三组只学习不熟悉的单词但测试所有单词，第四组学习所有单词但只测试不熟悉的单词。结果显示，被重复测试的组（即测试所有单词）记得最多。

学生关于何种学习行为是最有用的印象通常都并不准确。有研究者让学生对所修习的课程的接受度进行评价，同时根据自己的感观对不同学习行为的效能进行排序。基于"7分量表"（A, AB, B, BC, C, CD, F），41%的人选择B，31%的人选择BC或者更低。59种学习行为中，只有7种是学生认为相当有帮助的。根据有用程度的高低排列，七种学习行为分别是：不缺课，按时完成作业，课上集中精力，认真履行小组职责，在安静的环境中学习，完成有附加分的作业，修额外的学分。这些当然也是教师所希望的行为，不过大多数教学者认为还有其他一些行为虽然学生并不是很推崇，但其效果的确也很不错，如在课前阅读课本或作业（排第32位），课内1小时学习对应课外2~3小时或更长时间的学习（排第40位），反复阅读课本或阅读材料（排第51位），复习以往考试（排第56位），使用家庭教师（排第57位），等等。当然，也有人指出并没有发现学生的成绩与他们自己所推崇的学习行为之间有明显的关系。珀尔曼和麦卡恩对一些真正影响学习成绩的行为进行了考察。他们询问了那些在一次考试与下一次考试之间成绩上升或下降了一整个档次（one full letter）的学生讲述在这段时间内对学习作了怎样的调整。在下一次考试中成绩上升的学生中，有超过25%的人都提到自己做了以下的事情：投入更多学习时间，更加细致地阅读课本/教材/阅读材料，在少有打扰的安静环境中学习，更多地使用学习指南，反复阅读课本/阅读材料。在下一次考试中成绩下降的学生也介绍了这段时间内自己的学习行为：投入更少的学习时间，阅读课本/教材/阅读材料不够仔细，阅读教材/阅读材料的次数不够多，家庭或个人因素的干扰，缺课，以及错过课堂笔记。

在另一项研究中，教学者调查了学习"普通心理学"课程的学生对11种不同学习技术的使用情况。最常用的三种是阅读课本、阅读笔记、使用记忆术。虽然这些技术曾被认为与考试成绩相关，但它们之间的相关性并不强。两种较少用到的技术——知识自测与熟悉概念，却是对考试成绩最强的预测因子。还有一项类似的研究，对象是125名学习"普通心理学"课程的学生，结论显示：到课，使用学习指南，模拟考试，利用课程内容解释问题等，与考试分数之间呈正相关关系。

还有一些研究提供了一些关于教师如何帮助学生学得更好的建议，根据其性质，这些建议可以分为两大方面，即教师可以做什么和教师可以建议学生做什么。

教师能做什么

备　课

虽然很难让一位教师在每一堂课前都能够有充分的准备时间，然而梳理清楚本次课与上次课和下次课之间的关系，以及其他一些事项，有助于提升学习内容的可识记性和可理解性。大纲形式的讲义，有助于教师更加轻松地完成本次课程的讲授，也能够为学生做好笔记提供更好的参考。大纲与讲义也可以更便捷地放到网上，作为学生的参考资料，尽管这种做法并不总是带来积极的效果。目前有一些证据能够表明，向学生发放幻灯片讲义对学生而言是有用的，不过诺皮的研究结论是一个例外。而且提供的数量不同所带来的效果也是不同的。提供框架式的或部分的，相比常见的完整的和详细的讲义，学生学习表现的效果更好。对学生获取笔记的时间、次数等不设限制，也与更高的学习成绩相关。一般而言，某些课程材料的开放，最好是大纲，似乎对学生的学习更有帮助。

上课生动且重点突出

"很遗憾，作为教师，通常花在课堂上真正培养学生的时间要比花在课前准备的时间更少。"让优秀的课堂材料吸引学生注意力的第一步是先将这些材料在课堂上进行展示。正如人们所预料的，到课率会影响课程成绩。影响到课率最重要的一个因素是课堂内容与考试内容相重合的比率，因此吸引学生到课的一种方法就是，在课堂上讲授课本中没有的或者存在于其他课堂汇报中的内容，同时将这些内容纳入考试范围。另一种方法是周期性地测验，尤其是针对课堂上讨论过的主题。在讲授的基础上加入视频与讨论，创设更具参与性的课堂环境，包括课堂提问在内，有助于提高到课率和吸引注意力。虽然提问会导致课堂上出现令人不自在的沉默，拉金与派因斯提供了一些提高参与度的建议，包括：创设一个有利于学生参与的环境，设定参与的规则，用安全轻松的问题（如举手）来破冰，在口头回答之前让学生先写下自己的答案，练习积极倾听技巧。

我们通常认为优质的学习内容与学习的趣味和愉悦之间是不相容的。事实上，适当的例子与幽默更有可能提升课堂的趣味性与到课率。生动与难忘的例子，能够帮助学生建立与已知的连接，更主动地尝试理解，学到更多学科内容知识。学生也认为幽默风趣的例子给他们留下的印象更加深刻。鲍尔斯主张：幽默应与课程相关，使用电影、电视或流行歌曲中的有趣片段，自嘲，从学生身上和考试中所发现问题中来积累幽默故事。

帮助学生准备考试

心理学家发现了很多有用的学习原则，可用于帮助提升学生的信息获取与保持，然而，下面这些经过检验的想法，学生在学习中可能并不会用到。

分散效应（the spacing effect）（分布式学习，distributed study）。"练习被分开（分散练习）时比集中（集中练习）在一起时，学生的学习表现会更好，这种想法不断地得到了验证。"应当鼓励学生的学习要贯穿整个学期，而不是仅仅在考试前夜临时抱佛脚。

亚里士多德的频率法则（Aristotle's law of frequency）。在有关学习的研究中，频率通常等同于重复，因此针对学习内容所做的尝试越多，会学得更好。对于学生而言，应当在考试之前多次阅读书本，经常复习笔记，同时反复学习其他内容。

艾宾浩斯超量学习效应（Ebbinghaus's overlearning effect）。在精通的基础上继续学习或练习（超量学习），能够明显地降低遗忘率。学生通常是直到复习时才"开始"认识而不是"已经"认识相关的内容。学生需要在此基础上通过向自己提问和将之用于生活等方式，不断学习相关内容，直到真正掌握为止。

很遗憾，多数学生的情况却如下所述：仍然只是在考试前夜突击准备，在认为自己对学习内容已经有了足够的掌握程度时就停止学习，在考试之前课本只读了一次，或者尚未充分利用教学辅助等。教学者应当在考试之前提醒学生前文所提及的那些学习原则，并举例说明这些学习方法的好处。

教学者可以尝试通过在考试前提供学习指导，简要陈述需要予以注意的最重要的概念或内容等方式，以保证学生学习恰当的内容。有很多资源都会提供经过经验验证的形成学习指南的方式。另一方面，这也可能会限制学生的学习内容，而且对于教学者想要学生学习所有指定的内容与所有讨论过的主题的情况也是不适用的。考试回顾环节也有助于学生理解难点，明晰弱项，或者是强化动机与参与。参加过复习环节的学生比没有参加的学生考得更好，这一结论对于学生的 GPA 成绩而言（如更聪明的学生会参加复习环节），有一定的适用性。另一个有效的步骤是为学生准备并向他们提供一份量规，介绍写作考试如何评分，说明正确答案有哪些类型（考试结束后会用到）。教学者还应当向学生提供一个在考试结束后回顾考试的机会，学生能够看到自己错在哪里，从而有可能提高他们下一次考试的成绩。安布罗斯等人建议使用"考试自省"（exam wrappers），一份由学生在考试结束和试卷发回之后填写的单子，以帮助学生分析自己的表现。

另一个需要考虑的事项是，如何满足那些有身心障碍或其他问题的学生的需要。教学者应当熟知学校的服务与政策，确保课程内容满足"可获得性"要求，而且教学者与学生都应当明白彼此的期待。教学者还应当关注有其他各种问题的学生，而且通常都需要特殊问题特殊对待，即一个学生一套方案。

学生能做什么

学生应当对自己的学习负责。大约 55% 的学习变化都是源自学生方面的因素。"学习最后必须由学生自己完成（其中有一些会失败）是一条普遍的真理。"有关学生学习的文献提供了如下一些建议，以帮助学生改进学习。（有实证基础的建议会附有参考文献，那些基于认知与教育心理学理论的建议同时尚未经过具体经验验证的建议则没有参考文献，但他们却是未来研究值得关注的方向。）

- 睡眠充足。对人类与其他物种的行为研究发现，睡眠对于训练之后的记忆巩固具有重要作用。如果学生在课堂上，或者在学习时、研究时、注意时等处于半睡状态，他的学习成绩肯定会受到影响。与平时分散学习和考前充分休息相比，考试前夜熬通宵不大可能取得好的成绩，虽然它比根本不学习可能要略微好一些。
- 小量多次，而非大量少次。兰德勒姆等人指出，A 等成绩与 B 等成绩的学生倾向于增加学习的频次，同时减少每次学习的时间，他们学习的频率更高，但每一次学习的时间比那些成绩更低的学生所用的时间更短。
- 避免低效。尽量避免做并不怎么见效的练习。这些练习包括：在重要概念或摘要上花过多的时间，而在另外一些方面如复习题用时不够；在过多的文本下面画重点线，从而使重点被湮没；学习每个章节的回顾性问题时没有将之用于知识检测；一边看电视或听音乐或上网，一边学习；与他人一起无效学习。
- 购买或通过其他方式获取教材（更加仔细地阅读书本 / 教材 / 阅读材料）。
- 仔细阅读课程教学大纲。
- 到课。坐在教室前排，充分使用关于做笔记的指导意见，做笔记并将之条理化、

表 6.1　基于证据的建议（教师）

- 使用大纲形式的课程讲义，在适当时候向学生开放。
- 通过幽默、课内测验、将讲授内容纳入考试等方式提高到课率。
- 用好的实例将概念与生活相联系，而且让学生举例（可在以后的学期使用）。
- 考试之前开设复习课，提供包括最重要的知识点和概念在内的学习指导。
- 如果学生表现不好，询问其到课率、学习习惯、学习行为，指出其中无益的行为，并给出好的建议。
- 强调健康生活方式，尤其是充足的睡眠的重要性。

表 6.2　未来的研究方向

- 强化学生的元认知能使学习行为朝着预期的方向变化吗？
- 在考试中取得不好的成绩之后，学生会调整自己的学习行为吗？
- 教师可以如何提升学生的学习技巧？
- 实验室的研究如何转化至课堂使用？
- 训练学生使用"阅读—背诵—复习"策略，在课堂上是有效的吗？
- 撰写考试回顾能改变学生的学习行为吗？
- 在线诊断测验有助于促进学生的学习吗？
- 使用 Connect、MyPsychLab、PsychPortal 等有助于促进学生学习吗？
- 拥有健康生活方式的学生学得更好吗？超过一个学期的健康状况改善有助于促进学生学习与研究吗？
- 如何将社交网站（如脸书）用到课堂之中，以促进生生之间和师生之间的交流，进而促进学习？
- 如何最大限度地发挥个人设备（如智能手机）对学习的作用？
- 在线传输方式或在线内容（如电子教材）如何改变学生的阅读与学习？

参考文献

Ambrose, S. A., Bridges, M. W., DiPietro, M., Lovett, M. C., & Norman, M. K. (2010). *How learning works: 7 research-based principles for smart teaching.* San Francisco, CA: Jossey-Bass.

Benedict, M. E., & Hoag, J. (2004). Seating location in large lectures: Are seating preferences or location related to course performance? *The Journal of Economic Education, 35,* 215-231. doi:10.3200/

JECE.35.3.215-231

Biktimirov, E. N., & Klassen, K. J. (2008). Relationship between use of online support materials and student performance in an introductory finance course. *Journal of Education for Business, 83*, 153-158. doi:10.3200/JOEB.83.3.153-158

Bjork, E. L., & Bjork, R. (2011). Making things harder on yourself, but in a good way: Creating desirable difficulties to enhance learning. In M. A., Gernsbacher, R. W. Pew, L. M. Hough, & J. R. Pomerantz (Eds.), *Psychology and the real world: Essays illustration fundamental contributions to society* (pp. 56-64). New York, NY: Worth.

Bjork, R. A. (1994). Memory and metamemory considerations in the training of human beings. In J. Metcalfe and A. Shimamura (Eds.), *Metacognition: Knowing about knowing* (pp. 185-205). Cambridge, MA: MIT Press.

Black, A. (2010). Gen Y: Who they are and how they learn. *Educational Horizons, 88*, 92-101.

Boyd, D. R. (2004). Using textbooks effectively: Getting students to read them. In B. Perlman, L. I. McCann, & S. H. McFadden (Eds.), *Lessons learned: Practical advice for the teaching of psychology* (Vol. 2, pp. 295-302). Washington, DC: Association for Psychological Science.

Boyd, D. R. (2008). Teaching students with disabilities: A proactive approach. In B. Perlman, L. I. McCann, & S. H. McFadden (Eds.), *Lessons learned: Practical advice for the teaching of psychology* (Vol. 3, pp. 99-108). Washington, DC: Association for Psychological Science.

Brown, W. F., & Holtzman, W. H. (1955). A study-attitudes questionnaire for predicting academic success. *Journal of Educational Psychology, 46*, 75-84. doi:10.1037/h0039970

Buckalew, L. W., Daly, J. D., & Coffield, K. E. (1986). Relationship of initial class attendance and seating location to academic performance in psychology classes. *Bulletin of the Psychonomic Society, 24*, 63-64.

Burch, K. J., & Kuo, Y. (2010). Traditional vs. online homework in college algebra. *Mathematics and Computer Education, 44*, 53-63.

Conderman, G., & Bresnahan, V. (2010). Study guides to the rescue. *Intervention in School and Clinic, 45*(3), 169-176. doi:10.1177/1053451209349532

Cornelius, T. L., & Owen-DeSchryver, J. (2008). Differential effects of full and partial notes on learning outcomes and attendance. *Teaching of Psychology, 35*, 6-12. doi:10.1080/00986280701818466

Credé, M., & Kuncel, N. R. (2008). Study habits, skills, and attitudes: The third pillar supporting collegiate academic performance. *Perspectives on Psychological Science, 3*, 425-453. doi:10.1111/j.1745-6924.2008.00089.x

Daniel, D. B., & Poole, D. A. (2009). Learning for life: An ecological approach to pedagogical research. *Perspectives on Psychological Science, 4*, 91-96. doi:10.1111/j.1745-6924.2009.01095.x

Dickinson, D. J., & O'Connell, D. Q. (1990). Effect of quality and quantity of study on student grades. *Journal of Educational Research*, *83*, 227-231.

Dickson, L. K., Miller, M. D., & Devoley, M. S. (2005). Effect of textbook study guides on student performance in introductory psychology. *Teaching of Psychology*, *32*, 34-39. doi:10.1207/s15328023top3201_8

Dunlosky, J., & Graesser, A. C. (Eds.). (2009). *Metacognition in educational theory and practice*. Mahwah, NJ: Erlbaum.

Entwistle, N. (2009). *Teaching for understanding at university: Deep approaches and distinctive ways of thinking*. London, England: Palgrave Macmillan.

Flora, S. R., & Logan, R. E. (1996). Using computerized study guides to increase performance on general psychology examinations: An experimental analysis. *Psychological Reports*, *79*, 235-241. doi:10.2466/pr0.1996.79.1.235

Fry, R. (2004). *How to study* (6th ed.). Clifton Park, NY: Thompson Delmar Learning.

Galliano, G. (1999). Enhancing student learning through exemplary examples. In B. Perlman, L. I. McCann, & S. H. McFadden (Eds.), *Lessons learned: Practical advice for the teaching of psychology* (Vol. 1, pp. 87-92). Washington, DC: Association for Psychological Science.

Gettinger, M., & Seibert, J. K. (2002). Contributions of study skills to academic competence. *School Psychology Review*, *31*, 350-365.

Gier, V., & Kreiner, D. (2009). Incorporating active learning with PowerPoint-based lectures using content-based questions. *Teaching of Psychology*, *36*, 134-139. doi:10.1080/00986280902739792

Gurung, R. A. R. (2003). Pedagogical aids and student performance. *Teaching of Psychology, 30*, 92-95. doi:10.1207/S15328023TOP3002_01

Gurung, R. A. R. (2004). Pedagogical aids: Learning enhancers or dangerous detours? *Teaching of Psychology*, *31*, 164-166. doi:10.1207/s15328023top3103_1

Gurung, R. A. R. (2005). How do students really study (and does it matter)? *Teaching of Psychology*, *32*, 239-241.

Gurung, R. A. R. (2011, June). *If they study, they will learn: What teachers need to know and do to make this so*. Opening keynote address at Eastern Teachers of Psychology Conference, Staunton, VA.

Gurung, R. A. R., & Bord, D. (2008). Enhancing learning and exam preparation: The review session. In B. Perlman, L. I. McCann, & S. H. McFadden (Eds.), *Lessons learned: Practical advice for the teaching of psychology* (Vol. *3*, pp. 131-138). Washington, DC: Association for Psychological Science.

Gurung, R. A. R., & Schwartz, B. M. (2009). *Optimizing teaching and learning: Pedagogical research in practice.* Malden, MA: Blackwell.

Gurung, R. A. R., Weidert, J., & Jeske, A. S. (2010). A closer look at how students study (and if it matters). *Journal of the Scholarship of Teaching and Learning, 10*, 28-33.

Gurung, R. A. R., & Wilson-Doenges, G. (2010). Engaging students in psychology: Building on first-year programs and seminars. In D. S. Dunn, B. C. Beins, M. A. McCarthy, & G. W. Hill (Eds.), *Best practices for beginnings and endings in the psychology major* (pp. 93-106). New York, NY: Oxford University Press.

Hacker, D., Dunlosky, J., & Graesser, A. (2009). *Handbook of metacognition in education.* New York, NY: Routledge/Taylor & Francis Group.

Hadwin, A. F., & Winne, P. H. (1996). Study strategies have meager support: A review with recommendations for implementation. *Journal of Higher Education, 67*, 692-715. doi:10.2307/2943817

Hattie, J. (2009). *Visible learning: A synthesis of over 800 meta-analyses relating to achievement.* London, England: Routledge.

Hattie, J., Biggs, J., & Purdie, N. (1996). Effect of learning skills interventions on student learning: A meta-analysis. *Review of Educational Research, 66*, 99-136.

Hove, M., & Corcoran, K. (2008). If you post it, will they come? Lecture availability in introductory psychology. *Teaching of Psychology, 35*, 91-95. doi:10.1080/00986280802004560

Karpicke, J. D., & Roediger, H. L. (2008). The critical importance of retrieval for learning. *Science, 319*, 966-968. doi:10.1126/science.1152408

Katz-Navon, T., Naveh, E., & Stern, Z. (2009). Active learning: When is more better? The case of resident physicians' medical errors. *Journal of Applied Psychology, 94*, 1200-1209. doi:10.1037/a0015979

Khogali, S. E., Laidlaw, J., & Harden, R. (2006). Study guides: A study of different formats. *Medical Teacher, 28*, 375-377. doi:10.1080/01421590600799059

Kobayashi, K. (2006). Combined effects of note-taking/reviewing on learning and the enhancement through interventions: A meta-analytic review. *Educational Psychology, 26*, 459-477. doi:10.1080/01443410500342070

Kramer, T. J., & Korn, J. H. (1999). Class discussions: Promoting participation and preventing problems. In B. Perlman, L. I. McCann, & S. H. McFadden (Eds.), *Lessons learned: Practical advice for the teaching of psychology* (Vol. 1, pp. 99-104). Washington, DC: Association for Psychological Science.

Landrum, R. E., Turrisi, R., & Brandel, J. M. (2006). College students'study time, course level, time of semester, and grade earned. *Psychological Reports, 98*, 675-682. doi:10.2466/pr0.98.3.675-682

Larkin, J. E., & Pines, H. A. (2008). Asking questions: Promoting student-faculty interchange in the classroom. In B. Perlman, L. I. McCann, & S. H. McFadden(Eds.), *Lessons learned: Practical advice for the teaching of psychology* (Vol. 3, pp. 41-51). Washington, DC: Association for Psychological Science.

Locke, N. M. (1940). The Student Skills Inventory: A study habits test. *Journal of Applied Psychology, 24*, 493-504. doi:10.1037/h0058668

Loomis, K. D. (2000). Learning styles and asynchronous learning: Comparing the LASSI model to class performance. *Journal of Asynchronous Learning Networks, 4*, 23-32.

Marton, F., & Saljnoppeo, R. (1976). On quantitative differences in learning: I—Outcomes and process. *British Journal of Educational Psychology, 46*, 4-11. doi:10.1111/j.2044-8279.1976.tb02980.x

Matlin, M. W. (2002). Cognitive psychology and college-level pedagogy: Two siblings that rarely communicate. In D. F. Halpern & M. D. Hakel (Eds.), *Applying the science of leaning to university and beyond* (87-103). San Francisco, CA: Jossey-Bass.

McDaniel, M., Howard, D., & Einstein, G. (2009). The read-recite-review study strategy: Effective and portable. *Psychological Science, 20*, 516-522. doi:10.1111/j.1467-9280.2009.02325.x

Metcalfe, J. (2009). Metacognitive judgments and control of study. *Current Directions in Psychological Science, 18*, 159-163. doi:10.1111/j.1467-8721.2009.01628.x

Newport, C. (2007). *How to become a straight-A student: The unconventional strategies real college students use to score high while studying less.* New York, NY: Broadway Books.

Nguyen, T., & Trimarchi, A. (2010). Active learning in introductory economics: Do MyEconLab and Aplia make any difference? *International Journal for the Scholarship of Teaching and Learning, 4*, 1-18.

Noppe, I. (2007). PowerPoint presentation handouts and college student learning outcomes. *International Journal for the Scholarship of Teaching and Learning, 1*(1). Retrieved from http://www.georgiasouthern.edu/ijsotl

Olson, M. H., & Hergenhahn, B. R. (2009). *An introduction to theories of learning* (8th ed.). Upper Saddle River: NJ: Pearson Prentice Hall.

Pauk, W., & Owens, R. J. Q. (2007). *How to study in college* (9th ed.). San Francisco, CA: Wadsworth.

Perlman, B., & McCann, L. I. (2002a). Student perspectives on grade changes from test to test. *Teaching of Psychology, 29*, 51-53.

Perlman, B., & McCann, L. I. (2002b). What we need to know about teaching and teachers. In B. W. Buskist & V. Hevern (Eds.), *Essays from e-xcellence in teaching*, 2000-2001. Available at http://teachpsych.org/ebooks/eit2000/index.php

Perlman, B., & McCann, L. I. (2008). Preparing for a class session. In B. Perlman, L. I. McCann, & S. H. McFadden (Eds.), *Lessons learned: Practical advice for the teaching of psychology* (Vol. 3, pp. 15-22). Washington, DC: Association for Psychological Science.

Perlman, B., McCann, L. I., & Kadah-Ammeter, T. L. (2008). Working with students in need: An ethical perspective. In B. Perlman, L. I. McCann, & S. H. McFadden (Eds.), *Lessons learned: Practical advice for the teaching of psychology* (Vol. 3, pp. 325-334). Washington, DC: Association for Psychological Science.

Perlman, B., McCann, L. I., & McFadden, S. H. (2008). Observations on teaching: Fifteen years of teaching tips. In B. Perlman, L. I. McCann, & S. H. McFadden(Eds.), *Lessons learned: Practical advice for the teaching of psychology* (Vol. 3, pp. 337-346). Washington, DC: Association for Psychological Science.

Perlman, B., McCann, L. I., & Prust, A. (2007). Students'grades and ratings of perceived effectiveness of behaviors influencing academic performance. *Teaching of Psychology, 34*, 236-240. doi:10.1080/00986280701700284

Plant, E., Ericsson, K., Hill, L., & Asberg, K. (2005). Why study time does not predict grade point average across college students: Implications of deliberate practice for academic performance. *Contemporary Educational Psychology, 30*, 96-116. doi:10.1016/j.cedpsych.2004.06.001

Powers, T. (2008). Engaging students with humor. In B. Perlman, L. I. McCann, & S. H. McFadden (Eds.), *Lessons learned: Practical advice for the teaching of psychology* (Vol. 3, pp. 53-62). Washington, DC: Association for Psychological Science.

Prevatt, F., Petscher, Y., Proctor, B. E., Hurst, A., & Adams, K. (2006). The revised Learning and Study Strategies Inventory: An evaluation of competing models. *Educational and Psychological Measurement, 66*, 448-458. doi:10.1177/0013164405282454

Pyc, M. A., & Dunlosky, J. (2010). Toward an understanding of students' allocation of study time: Why do they decide to mass or space their practice? *Memory & Cognition, 38*, 431-440. doi:10.3758/MC.38.4.431

Robbins, S. B., Lauver, K., Le, H., Davis, D., & Langley, R. (2004). Do psychological and study skill factors predict college outcomes? A meta-analysis. *Psychological Bulletin, 130*, 261-288. doi:10.1037/0033-2909.130.2.261

Robin, A., Foxx, R. M., Martello, J., & Archable, C. (1977). Teaching note-taking skills to underachieving college students. *The Journal of Educational Research, 71*, 81-85.

Russell, I. J., Caris, T. N., Harris, G. D., & Hendricson, W. D. (1983). Effects of three types of lecture notes on medical student achievement. *Journal of Medical Education, 58*, 627-636.

Shell, D. F., Brooks, D. W., Trainin, G., Wilson, K. M., Kauffman, D. F., & Herr, L. M. (2010). *The Unified Learning Model: How motivational, cognitive, and neurobiological sciences inform best teaching practices.* New York, NY: Springer.

Sleigh, M. J., & Ritzer, D. R. (2004). Encouraging student attendance. In B. Perlman, L. I. McCann, & S. H. McFadden (Eds.), *Lessons learned: Practical advice for the teaching of psychology* (Vol. 2, pp. 287-293). Washington, DC: Association for Psychological Science.

Sleigh, M. J., Ritzer, D. R., & Casey, M. B. (2002). Student versus faculty perceptions of missing class.

Teaching of Psychology, 29, 53-56.

Smolira, J. C. (2008). Student perceptions of online homework in introductory finance courses. *Journal of Education for Business, 84*, 90-95. doi:10.3200/JOEB. 84.2.90-95

Tamblin, L., & Ward, P. (2006). *The smart study guide: Psychological techniques for student success.* Malden, MA: Blackwell.

Walker, M. P., & Stickgold, R. (2004). Sleep dependent learning and memory consolidation. *Neuron, 44*, 121-133. doi:10.1016/j.neuron.2004.08.031

Weatherly, J. N., Grabe, M., & Arthur, E. I. L. (2002-2003). Providing introductory psychology students access to lecture slides, via Blackboard 5: A negative impact on performance. *Journal of Educational Technology Systems, 31*, 463-474. doi:10.2190/KRW7-QHFY-AY3M-FFJC

Weinstein, C. E., & Palmer, D. R. (2002). *Learning and Study Strategies Inventory (LASSI): User's manual* (2nd ed.). Clearwater, FL: H & H Publishing.

Wingate, U. (2006). Doing away with "study skills." *Teaching in Higher Education, 11*, 457-469. doi:10.1080/13562510600874268

Winne, P. H., & Nesbit, J. C. (2010). The psychology of academic achievement. *Annual Review of Psychology, 61*, 653-678. doi:10.1146/annurev.psych.093008. 100348

Worrell, F. C., Casad, B. J., Daniel, D. B., McDaniel, M., Messer, W. S., Miller, H. L., ... Zlokovich, M. S. (2010). Promising principles for translating psychological science into teaching and learning. In D. F. Halpern (Ed.), *Undergraduate education in psychology: A blueprint for the future of the discipline* (129-144). Washington, DC: American Psychological Association. doi:10.1037/12063-008

Wrenn, C. G. (1933). *Study-habits inventory.* Oxford, England: Stanford University Press.

第 7 章　如何为课程遴选教材与读物？

埃里克·兰德勒姆（R. Eric Landrum）

在大学课程的教学设计与实施当中，教材和读物的遴选是一件重要的事情。课程设计专家们强调"教材的作用是帮助实现课程目标，不应是主导课程"，然而，哪些因素会影响一本教材与课程目标之间的匹配性呢？我们并不能想当然地认为更新的教材必然会反映认知学习的相关原理。实际上，在当前已经出版的教材中，几乎很少有证据表明它们的设计真的能够将一些基本的认知心理学原理一以贯之地融入其中。当然，教材的更新通常都会反映该学科领域的最新发展。魏滕和怀特在综述了普通心理学教材出版历史的基础上，提出教材内容的变化取决于四个方面：（1）心理学的研究进展；（2）新的教学技术与学生在人口统计学方面的变化；（3）社会与文化变革；（4）出版业的影响。

在本章中，我首先总结其他作者关于教材遴选的基本主张，然后梳理与教材遴选影响因素相关的研究，最后再探讨使用课程读物的可能性。

其他作者关于教材遴选的基本主张

在已有的为教学提供各种建议的出版物当中，教材遴选是一个经常被提及的话题。例如麦基奇认为可以为学生提供一份包括 2~3 本教材的清单，让他们从中挑选一本，或者针对同一门课程应当可以在书店买到不同的教材。如此一来，学生会认为自己被赋予了选择的权利，从而在遴选教材的过程中表现出更高的积极性和主动性，或者有更强的参与感和存在感。虽然我们已经有了一些可用于对普通心理学教材（包括难度、长度、章节主题与结构、教学辅助手段、核心词汇变量等方面）进行系统性评价的数据库，但真正能够有助于心理学教学者在实际的教材评价与选择中应用这些标准的建议却并不多。

其实除心理学教学以外，还有很多其他学科也都有针对教材遴选提供建议的讨论。道伊与哈特利、罗斯等人曾提出过一份结构化的清单，他们将单个的评价项目细化到评价量规，如科目范围、教学特征等。巴特利特与摩根则研制了一份帮助教学者为同一门课程的不同章节选择教材的清单。此外，我们还可以从马特林、马休斯与戴维斯、迈尔斯等人的著作中找到一些关于教材遴选的深刻见解。

关于教材遴选影响因素的研究

作为一种普遍存在的事物，教材受到很多领域研究者们的共同关注。基于我所阅读的文献，相关的研究主要涉及四个主题：（1）物理特征，如页面长度；（2）客观测量，某一主题领域的著作发行量统计；（3）基于核心术语的内容分析；（4）基于其他元素的内容分析，如教辅手段。以下将对这些主题分别作简要介绍。

物理特征

此类对教材进行诸如静态的、固定的物理特征进行考察，可以划分为三种类型：一是仅针对客观特征的比较研究；二是对特定专业领域核心术语进行考察与界定的内容分析；三是除核心术语之外的内容分析，如中心思想或主要理论。如果一名教学者想要在某种程度上基于客观标准来遴选教材，下面介绍的几类资源将会非常有用。

客观测量

关于客观特征的测量目前至少有两种方法可用。第一种是学科范围方法，用于考察特定学科某一专门领域中可供选择的教材的总数，或是每年出版的新教材的数量。此类方法的优点在于可以追踪学科发展趋势，它们绝大部分都局限于单一学科中的某一次级专业抑或是一门具体的课程。例如，克里斯多弗、格里格斯、哈根斯曾经对 14 本社会心理学教材和 17 本变态心理学教材进行了全面的物理特征分析，无独有偶，马雷克和格里格斯也对 17 本认知心理学教材进行了类似的研究。

我们还可以找到大量尝试归纳普通心理学教材特征的研究。其实，单纯的物理特征分析结果，如教材的特征集，就已经能够为教材遴选提供有用的信息了。另外一些研究者在对物理特征进行客观分析的基础上又纳入了学生或教师的态度或观点调查(将在后文呈现)。第二种分析客观特征的方法纳入了核心概念的界定。

在心理学教学相关的文献中，对普通心理学教材进行基于核心术语的内容分析是一个历久弥新的主题。然而在实际的教材遴选中，基于核心术语内容分析所得出的结论有时也会给我们带来一些困扰，因为选用不同的研究方法，研究者所筛选出的普通心理学教材核心概念的数量差别很大，如最少的是 3 个，最多则达到了 126 个。

泽赫等人曾提出"聚合效度的缺乏是明显的，而且也是令人困扰的"，关于这一结论他们也有另外一种更加正面的表述，即"众多的研究结果表明如果心理学领域有共同语言，那肯定同时也存在着很多方言"。从某种意义上讲，普通心理学领域"共同核心"（common core）的缺乏可能也是整个心理学领域碎片化状态的表现。

基于其他元素的内容分析

微观层面的内容分析方法，其主要特点是对要素层级的变量进行考察，例如对特征（如教辅手段）或基本理念（如核心词汇）出现频次的客观统计。也有一些研究者在教材比较与遴选时采取了更具宏观取向的方法。如格里格斯等人分别在 1998 年和 2001 年通过对批判性思维内容和参考文献的统计来对普通心理学教材进行比较。高德斯坦、西格尔、西曼在 2009 年则考察了在 24 本普通心理学教材中与身心障碍相关的主题是如何呈现的。其他一些将内容分析用于教材比较的研究者还进行过诸如高被引著作、高被引期刊论文与高被引作者等对象的分析，以及围绕科学思维与统计思维等主题的分析。对于一个教学者而言，如果你希望具体地关注某一主题类教材的特定方面（如批判性思维），宏观层面的方法可能会比较有用。

教师与学生变量

在有关教材的正式研究中，以教师和学生作为被试通常是合乎逻辑的。关于教师的研究集中在考察他们对教材的观点，关于学生的研究除关注他们的观点之外，还涉及学生如何使用教材与教材如何影响课程表现等方面。以下将简要介绍这两类研究。

关于教师观点的研究

关于教师观点的研究又可以划分为两个方面：一是教师本人完成的教材分析，一是基于对其他教师的调查所获取的量化数据进行的分析。在心理学领域，奥尔特曼、埃里克森、沙夫、兰德勒姆、霍梅尔、魏滕、杨科尔、塞布里、马绍尔、扎伊等都开展过这方面的研究，而且他们所采用的研究方法对教材典型特征的分析也很有代表性。一些研究者以内容为基础考察理论、理论方法，一些以学科为基础，还有一些则关注教材某些特征的意义。在一项关于心理学教材遴选标准的研究中，兰德勒姆与霍梅尔概括了对于教师而言最为重要的5项标准，分别是：（1）准确性；（2）可读性；（3）示范性；（4）研究的传播度；（5）研究的出发点。他们还发现，教师的教材遴选标准与他们对如何帮助学生的观点实际上并没有很好地匹配起来。例如，教师一边高度认可研究的传播度在教材遴选中的意义，一边却又认为研究的传播度对学生学习只具有中等程度的重要性。此外，从某种意义上说，教学经验也会影响教材的遴选，比如经验更丰富的教学者更重视图表与数据，经验较欠缺的教学者则更加关注能否获得与教材配套的教辅材料。

关于学生观点、教材使用、课程绩效的研究

现在开始出现了关于学生如何使用教材和教材如何影响学生学习成效的研究。此类研究对于那些倾向于以学生学习成果的经验数据为基础来遴选教材的教学者而言是很有意义的。目前已经有了三种不同的方向：（1）学生如何使用教材；（2）教材特征如何影响学生的观点与学生的课程表现；（3）在实际的教材遴选过程中如何吸纳学生的观点。

人们已经开发出多种对教材段落的可读性进行经验性评估的方法，而且教材可读性对于教师的教材遴选而言也是一个关键的变量。例如，吉伦曾经对34本普通心理学教材的弗莱什可读性[1]与人情味两个变量的得分进行过直接的比较，结果发现二者之间存在强相关性（+0.60）。教师在遴选教材时可能也会对此类方法有兴趣。还有一些从学生立场出发的方法，如斯唐设计过一套对28本社会心理学教材进行评估的工具。弗纳尔德提出，如果被赋予选择的权利，相比传统格式学生会更倾向于接受叙事性／讲故事性风格的教材，选择叙事性教材的学生在期末测试中的平均分会更高，他们也更容易将在叙事情境中获取的信息用于后续测试。内维德与卡莫尼将教材章节材料的呈现方式划分为两大类，一类是传统的格式与布局，另一类则更加区块化或模块化，模块化的呈现方式通常会使用带有编制者个人色彩的标题。相比没有偏好的学生，偏好模块化格式的学生在随堂测验中的得分更高。上述研究不仅仅是为基于学生立场的研究举例，同时也印证了教材遴选的复杂性，似乎并不存在能够满足不同情境、不同课程中学生需求的统一的教材遴选标准。

许多研究者尝试询问学生各种不同教辅手段的作用，以及教材特征在多大程度上能够积极或消极地影响教材的使用。魏滕与咖达格诺等人向学生了解了他们对13种教辅手段的

1　弗莱什可读性（Flesch readability）是一种可读性测试。——译者注

熟悉度、使用概率、整体价值的观点，学生认为最有价值的是粗体字、章节提要和持续更新的词汇表。魏滕与德古阿拉等人又在高中、社区学院、大学的学生中重复并拓展了这一调查，结果发现无论是哪类学校，在 15 种可能的教辅手段中，学生认为粗体字、章节或持续更新的词汇表、章节提要、自我测试等最为有用。马雷克等人在同年也进行过一项类似的研究，收集了心理学专业大一和大二的学生对 15 种教辅手段的熟悉度、使用概率、整体价值的观点，同时对 37 本普通心理学教材进行了分析以考察学生的观点与教材特征的盛行率之间的关系。他们得出了两条结论：一是学生更倾向于与备考紧密相关的教辅手段，如粗体字和词汇表；二是学生不大认可意在推向更深层次学习的手段，如章节大纲或讨论题。至于学生如何使用教材与学生如何接收并保留信息二者之间的关系则尚不明确。对于这种分离，魏滕等人在 1996 年就表示过是时候着手开展一些旨在理清特定教学辅助手段是否实际地促进了学生学习的基础研究了。

古伦随后直接考察了教学辅助手段与学生学习表现之间的关系。他调查了学生使用教辅手段的频率以及学生对其有用性的认识，然而当把学生的观点与其考试成绩进行对比的时候却发现，唯一显著的结果是学生对有用性的排序与考试成绩呈弱相关关系（–0.20）。因此，对于某一种教辅手段（如关键词语）的过度信赖可能会带来对考试成绩的不利影响。据此推测，依赖诸如通过关键词语等捷径并不能导向更深层次的学习。这些发现还表明，在实际中学生可能并不会运用他们最初所偏好的教辅手段。次年，古伦又提出，能力更强的学生，如能够在 ACT 或 GPA 中获得高分的，更少使用关键词语、实践问题、提要等手段。在教材遴选中评价不同教学特征的时候应当考虑到具体的学生群体。此外，学生可能需要在如何更适当地使用教辅手段，以达到更深层次学习与更高的保持率方面得到指导。基于具体特征的教材遴选可能会强化教师的"学习取向"（Orientation to studying），从而使教材效能最大化。

以上所介绍的各种研究对于我们理解学生、教材、学习三者之间的互动关系是相当有益的。另外一些研究更关注的是教材遴选的要素而不是内容本身，例如，杨格尔等人曾经尝试描述在教材遴选中将教师与学生的观点联结起来的过程，劳里与莫泽则分享了在一个教材遴选委员会中成功使用过的多步式遴选方法。还有一些研究者认为，在教材遴选过程中学生基于教材学习所做出的判断才是对实际学习能力与文本质量的准确反映。

奥尔特曼等人在 2006 年成功开发了一套在院系层面将学生纳入普通心理学教材遴选的程序。以教师的观点为基础，他们提炼了五条教材遴选的标准：内容、教学法、学生学习辅助、教师教学辅助、出版商的代表性支持。每一位教师依据五条标准对 40 本普通心理学教材进行排序，最后根据得分将其中的 10 本纳入备选范畴，在进一步结合教与学的辅助的实际情况后 10 本又被削减到 4 本。接下来，一位在普通心理学课程中承担四个章节教学任务的教师在每一章节选用不同的教材，同时使用完全相同的教学大纲、教案、课堂演示、考试。事实上，出版商在书中为每一位学生都配套了辅助材料，以保证学生在学习成本方面没有差别，不同之处在于他们所使用的教材不同。四个章节的平均考试成绩与最终课程成绩几乎完全一致，然而其中的两个章节需要教师提供更多的帮助，原因在于这两个章节中含有更容易让学生分散而不是集中注意力的图形特征或教学法特性。最后，系里选择了两本学生认为更好的教材，一本更适用于那些自我定位或被教师定位为"文本导向"的学习者，另一本则更适合那些具有象征性思维风格的学习者。考虑到教材遴选的复杂性与学生学习偏好的多样性，这种针对需要从许多教材中做选择的严格审查程序似乎的确是一种富有洞察力的教材遴选方法。

关于非课本读物的研究

如果已经明确地选择了教材，之后呢？已有的关于阅读材料的文献相比关于教材遴选的而言可以说是稀少的。因为似乎并不存在适用于任何情形的完美教材，这使得有些人转而关注阅读材料（读物）。霍布森曾提出存在以下情形时应该优先考虑阅读材料：（1）课内讲授与教材内容有大量的重复，此时教材可能会显得多余;（2）对于当前课程没有合适的教材;（3）没有公认的基本教材，但却能从图书馆的馆藏中找到合适的阅读材料。约翰逊与卡顿基于下述原因强烈建议不要使用标准长度的教材：（1）教材会增大阅读的负担;（2）教材的深度阅读对学生而言具有挑战性;（3）标准长度的章节无助于培养学生的学习习惯，反而可能导致滞后学习或死记硬背。

如果前文所提到的各种关注已经成功地促使一名教师愿意选用一系列的阅读材料而不是一本教材的话，那么阅读材料的选择又将以什么为标准呢？教材遴选的标准有很多都是适用于阅读材料的。如戴维斯认为准确性、内容的传播度、难度水平、成本、尺寸、格式、布局等都是选择阅读材料时应当考虑的。满足这些标准的方法也有很多种。布辛斯基建议广大师生从开放资源与在线免费资源中去挖掘，格里格斯与杰克逊主张对于普通心理学课程而言经典读物可以作为基本的阅读材料。达特利等人提出在导论课中可以用较小的平装书作为中心主题，尤其是涉及研究的应用时，利林菲尔德等人也认为需要揭穿心理学中一些传言或误解的时候，应当使用较小的平装书。无论是教材遴选还是阅读材料收集，导论课中任何材料的遴选都应当有事先的课程设计，因为教学者需要仔细权衡学生的特点与学习目标。

结 论

基于已有经验，你会发现偏好确实是存在的，经验丰富的教师偏好有更多的图和表，而经验相对欠缺的教师则更依赖配套的资料夹。在遴选教材时，必须基于具体的情境，整个课程设计必须考虑课程的教学计划与教材的使用方式。然而，我们却很难提供基于证据的可靠建议，因为文献中的一些研究成果可能尚未走出实验室，几乎所有的研究都是基于单一院校或院系的尝试，对真正的教学法的研究充其量只是有所涉及。表 7.1 展示的是有关教材或读物遴选的建议，表 7.2 列出了未来研究的一些关键领域。如果教学者能更好地理解学生学习与准确地评价学习成果，加之已有的基于实证性的 SoTL 方法所积累的有效教学知识，他们将探索出有利于更好地理解学生如何从教材与读物中获取并保留信息的教育策略。

表 7.1 基于证据的建议

- 虽然专著中的章节与教学概略等可能为我们提供一些明智的建议，但从那些实证研究中所给出的建议寻求参考却并不仅仅是依赖作者的观点或专长。相比专著中的某些章节，期刊论文可能会更具实证性与及时性。
- 谨慎对待出版商关于教材效能的营销资料，关注教材与教材专题的设计是否遵循了循证的路径。
- 在决定是否根据客观的物理特征遴选教材之前，先确定好教材将要发挥的作用。虽然我们可以很轻松地比较不同教材的客观物理特征，但目前很少有研究表明那些篇幅更短，表格更多，或者有更多重要心理动力学术语的教材一定能有助于优化学生的学习。
- 在遴选教材时需要确定好教师或学生的观点是否对你更有帮助。学生偏好包含有助于备考的教学辅助资料的教材，教师则偏好能够反映研究前沿的教材。

表 7.2 未来研究的方向

- 教师在遴选教材时应遵循怎样的决策原则？
- 遴选方法会影响课程材料的效能吗？
- 教师如何使用教材教学与学生如何使用教材学习，它们如何影响学生在实际的测试/考试中的表现？（实验室的研究与真实课堂之间可能并没有做到真正的无缝衔接。）
- 课程材料如何影响学生的学习表现？
- 通过读物学习的学生与通过教材学习的学生相比，他们在学习表现方面有何不同？

参考文献

Altman, W. S., Ericksen, K., & Pena-Shaff, J. B. (2006). An inclusive process for departmental textbook selection. *Teaching of Psychology, 33*, 228-231. doi:10.1207/s15328023top3304_2

Bartlett, L. E., & Morgan, J. A. (1991). *Choosing the college textbook: A textbook selection checklist for instructor use.* Fort Lauderdale, FL: Nova University. (ERIC Document Reproduction Service No. ED365197)

Britton, B. K., Van Dusen, L., Gulgoz, S., Glynn, S. M., & Sharp, L. (1991). Accuracy of learnability judgments for instructional texts. *Journal of Educational Psychology, 83*, 43-47. doi:10.1037/0022-0663.83.1.43

Buczynski, J. A. (2007). Faculty begin to replace textbooks with"freely"accessible online resources. *Internet Reference Services Quarterly, 11*, 169-179. doi:10.1300/J136v11n04_11

Chatman, S. P., & Goetz, E. T. (1985). Improving textbook selection. *Teaching of Psychology, 12*, 150-152. doi:10.1207/s15328023top1203_9

Christopher, A. (2006). Selecting a text and using publisher-produced courseware: Some suggestions and warnings. In W. Buskist & S. F. Davis (Eds.), *Handbook of the teaching of psychology* (pp. 36-40). Malden, MA: Blackwell. doi:10.1002/9780470754924.ch6

Christopher, A. N., Griggs, R. A., & Hagans, C. L. (2000). Social and abnormal psychology textbooks: An objective analysis. *Teaching of Psychology, 27*, 180-189. doi:10.1207/S15328023TOP2703_04

Davis, B. (1993). *Tools for teaching.* San Francisco, CA: Jossey-Bass.

Dowie, W. (1981). Rating your rhetoric text. *College Composition and Communication, 32*, 47-56. doi:10.2307/356344

Dunn, D. S., Brewer, C. L., Cautin, R. L., Gurung, R. A. R., Keith, K. D., McGregor, L. N., ... Voigt, M. J. (2010). The undergraduate psychology curriculum: Call for a core. In D. F. Halpern (Ed.), *Undergraduate education in psychology: A blueprint for the future of the discipline* (pp. 47-61). Washington, DC: American Psychological Association. doi:10.1037/12063-003

Duntley, J., Shaffer, L., & Merrens, M. R. (2008). *Research stories for introductory psychology* (3rd ed.). Boston, MA: Pearson/Allyn & Bacon.

Durwin, C. C., & Sherman, W. M. (2008). Does choice of college textbook make a difference in students' comprehension? *College Teaching, 56*, 28-34. doi:10.3200/CTCH.56.1.28-34

Fernald, L. D. (1989). Tales in a textbook: Learning in the traditional and narrative modes. *Teaching of Psychology, 16*, 121-124. doi:10.1207/s15328023top1603_4

Fink, L. D. (2003). *Creating significant learning experiences: An integrated approach to designing college courses.* San Francisco, CA: Wiley/Jossey-Bass.

Gernsbacher, M. A., Pew, R. W., Hough, L. M., & Pomerantz, J. R. (Eds.). (2011). *Psychology and the real *world: Essays illustrating fundamental contributions to society*. New York, NY: Worth.

Gillen, B. (1973). Readability and human interest scores of thirty-four current introductory psychology texts. *American Psychologist, 28*, 1010-1011. doi:10.1037/h0035637

Goldstein, S. B., Siegel, D., & Seaman, J. (2009). Limited access: The status of disability in introductory psychology textbooks. *Teaching of Psychology, 37*, 21-27. doi:10.1080/00986280903426290

Gorenflo, D. W., & McConnell, J. V. (1991). The most frequently cited journal articles and authors in introductory psychology textbooks. *Teaching of Psychology, 18*, 8-12. doi:10.1207/s15328023top1801_2

Griggs, R. A. (2006). Selecting an introductory textbook: They are not "all the same." In D. S. Dunn & S. L. Chew (Eds.), *Best practices for teaching introduction to psychology* (pp. 11-23). Mahwah, NJ: Erlbaum.

Griggs, R. A., Bujak-Johnson, A., & Proctor, D. L. (2004). Using common core vocabulary in text selection and teaching the introductory course. *Teaching of Psychology, 31*, 265-269.

Griggs, R. A., & Jackson, S. L. (2007). Classic articles as primary source reading in introductory psychology. *Teaching of Psychology, 34*, 181-186. doi:10.1080/00986280701498582

Griggs, R. A., Jackson, S. L., Christopher, A. N., & Marek, P. (1999). Introductory psychology textbooks: An objective analysis and update. *Teaching of Psychology, 26*, 182-189. doi:10.1207/S15328023TOP260304

Griggs, R. A., Jackson, S. L., Marek, P., & Christopher, A. N. (1998). Critical thinking in introductory psychology texts and supplements. *Teaching of Psychology, 25*, 254-266. doi:10.1080/00986289809709711

Griggs, R. A., Jackson, S. L., & Napolitano, T. J. (1994). Brief introductory psychology textbooks: An objective analysis. *Teaching of Psychology, 21*, 136-140. doi:10.1207/s15328023top2103_1

Griggs, R. A., & Koenig, C. S. (2001). Brief introductory psychology textbooks: A current analysis. *Teaching of Psychology, 28*, 36-40. doi:10.1207/S15328023TOP2801_09

Griggs, R. A., & Marek, P. (2001). Similarity of introductory psychology textbooks: Reality or illusion? *Teaching of Psychology, 28*, 254-256. doi:10.1207/S15328023TOP2804_03

Griggs, R. A., Proctor, D. L., & Cook, S. M. (2004). The most frequently cited books in introductory psychology. *Teaching of Psychology, 31*, 144-147.

Gurung, R. A. R. (2003). Pedagogical aids and student performance. *Teaching of Psychology, 30*, 92-95. doi:10.1207/S15328023TOP3002_01

Gurung, R. A. R. (2004). Pedagogical aids: Learning enhancers or dangerous detours? *Teaching of Psychology, 31*, 164-166. doi:10.1207/s15328023top3103_1

Gurung, R. A. R. (2005). How do students really study (and does it matter)? *Teaching of Psychology, 32*, 238-240.

Gurung, R. A. R., & Daniel, D. (2005). Evidence-based pedagogy: Do text-based pedagogical features enhance student learning? In D. Dunn & S. L. Chew (Eds.), *Best practices for teaching introduction to psychology* (pp. 41-55). Mahwah, NJ: Erlbaum.

Gurung, R. A. R., Weidert, J., & Jeske, A. S. (2010). A closer look at how students study (and if it matters). *Journal of the Scholarship of Teaching and Learning, 10*, 28-33.

Hartley, C. L., & Ross, A. G. (1985). Taking the guesswork out of choosing textbooks. *Nursing & Health Care*, 6, 441-444.

Hobson, E. H. (2004). *Getting students to read: Fourteen tips* (IDEA Paper No. 40). Manhattan, KS: Kansas State University, Center for Faculty Evaluation and Development.

Hock, R. R. (2009). *Forty studies that changed psychology: Explorations into the history of psychological research* (6th ed.). Upper Saddle River, NJ: Pearson/Prentice-Hall.

Johnson, E., & Carton, J. (2006). Introductory psychology without the big book. In D. S. Dunn & S. L. Chew (Eds.), *Best practices for teaching introduction to psychology* (pp. 83-92). Mahwah, NJ: Erlbaum.

Landrum, R. E. (1993). Identifying core concepts in introductory psychology. *Psychological Reports, 72*, 659-666. doi:10.2466/pr0.1993.72.2.659

Landrum, R. E., & Hormel, L. (2002). Textbook selection: Balance between the pedagogy, the publisher, and the student. *Teaching of Psychology, 29*, 245-248.

Lilienfeld, S. O., Lynn, S. J., Ruscio, J., & Beyerstein, B. L. (2010). *50 great myths of popular psychology: Shattering widespread misconceptions about human behavior*. Malden, MA: Wiley-Blackwell.

Lowry, J. R., & Moser, W. C. (1995). Textbook selection: A multistep approach. *Marketing Education Review, 5(3)*, 21-28.

Lucas, S. G., & Bernstein, D. A. (2005). *Teaching psychology: A step-by-step guide*. Mahwah, NJ: Erlbaum.

Marek, P., & Griggs, R. A. (2001). Useful analyses for selecting a cognitive psychology textbook. *Teaching of Psychology, 28*, 40-44.

Marek, P., Griggs, R. A., & Christopher, A. N. (1999). Pedagogical aids in textbooks: Do college students' perceptions justify their prevalence? *Teaching of Psychology, 26*, 11-19. doi:10.1207/s15328023top2601_2

Matlin, M. W. (1997). Distilling psychology into 700 pages: Some goals for writing an introductory psychology textbook. In R. J. Sternberg (Ed.), *Teaching introductory psychology: Survival tips from the experts* (pp. 73-90). Washington, DC: American Psychological Association.

Matlin, M. W. (2002). Cognitive psychology and college-level pedagogy: Two siblings that rarely communicate. *New Directions for Teaching and Learning, 89*, 87-103. doi:10.1002/tl.49

Matthews, J. R., & Davis, S. F. (1999). An introduction to textbook publishing: What we did not learn in graduate school. *Teaching of Psychology, 26*, 40-42. doi:10.1207/s15328023top2601_8

McKeachie, W. J. (2002). *McKeachie's teaching tips: Strategies, research, and theory for college and university teachers*. Boston, MA: Houghton Mifflin.

Myers, D. G. (2007). Teaching psychological science through writing. *Teaching of Psychology, 34*, 77-84. doi:10.1080/00986280701291283

Nevid, J. S., & Carmony, T. M. (2002). Traditional versus modular format in presenting textual material in introductory psychology. *Teaching of Psychology, 29*, 237-238.

Quereshi, M. Y. (1993). The contents of introductory psychology textbooks: A follow-up. *Teaching of Psychology, 20*, 218-219. doi:10.1207/s15328023top2004_4

Robinson, D. H. (1994). Textbook selection: Watch out for "inconsiderate" texts. In K. W. Pritchard & R. M. Sawyer (Eds.), *Handbook of college teaching: Theory and applications* (pp. 415-422). Westport, CT: Greenwood Press.

Stang, D. J. (1975). Student evaluations of twenty-eight social psychology texts. *Teaching of Psychology, 2*, 11-15. doi:10.1207/s15328023top0201_3

Stanovich, K. E. (2010). *How to think straight about psychology* (9th ed.). Boston, MA: Pearson/Allyn & Bacon.

Swales, J. M. (2009). When there is no perfect text: Approaches to the EAP practitioner's dilemma. *Journal of English for Academic Purposes, 8*, 5-13. doi:10.1016/j.jeap.2008.11.003

Weiten, W. (1988). Objective features of introductory psychology textbooks as related to professors' impressions. *Teaching of Psychology, 15*, 10-16. doi:10.1207/s15328023top1501_2

Weiten, W., Deguara, D., Rehmke, E., & Sewell, L. (1999). University, community college, and high school students' evaluations of textbook pedagogical aids. *Teaching of Psychology, 26*, 19-21. doi:10.1207/s15328023top2601_3

Weiten, W., Guadagno, R. E., & Beck, C. A. (1996). Students' perceptions of textbook pedagogical aids. *Teaching of Psychology, 23*, 105-107. doi:10.1207/s15328023top2302_8

Weiten, W., & Wight, R. D. (1992). Portraits of a discipline: An examination of introductory psychology textbooks in America. In A. E. Puente, J. R. Matthews, & C. L. Brewer(Eds.), *Teaching psychology in America: A history* (pp. 453-504). Washington, DC: American Psychological Association. doi:10.1037/10120-020

Wiggins, G., & McTighe, J. (1998). *Understanding by design*. Upper Saddle River, NJ: Merrill Prentice Hall.

Winne, P. H., & Nesbit, J. C. (2010). The psychology of academic achievement. *Annual Review of Psychology, 61*, 653-678. doi:10.1146/annurev.psych.093008.100348

Yonker, J. E., Cummins-Sebree, S., Marshall, J., & Zai, R., III. (2007). Hit the books: Student and instructor surveys for psychology textbook selection, fine-tuning the process. *AURCO Journal, 13*, 81-101.

Zechmeister, J. S., & Zechmeister, E. B. (2000). Introductory textbooks and psychology's core concepts. *Teaching of Psychology, 27*, 6-11. doi:10.1207/S15328023TOP2701_1

第 8 章 你真的超过平均水平了吗？记录和呈现你的教学效能

简·哈罗宁（Jane S. Halonen）

德纳·邓恩（Dana S. Dunn）

莫琳·麦卡西（Maureen A. McCarthy）

苏珊妮·贝克（Suzanne C. Baker）

传奇的高等教育学者帕特·克罗斯（K. Par Cross）曾讽刺性地指出大学教师所表现出的一个人性的弱点，"总是错误或过高地估计自己的教学质量"。她曾对大学教师如何看待自己的教学做过调查，发现教师的想法明显地有自以为是的意味。令人惊奇的是，94%的人都认为自己的表现在平均水平以上，68%的人认为自己的教学表现可以排在前25%。实际上，这种认为自己高于平均水平的倾向可能并不像它看起来那样离谱。例如，有人对超过40 000名大学教师做过一项开创性的调查，只有12%的教师收到的学生评教结果是"低于平均水平"。

大多数高校都根据每学期末生成的数据进行综合的课程评价，以评价教师的教学效能。有一些高校还有其他形式的反馈，包括同行评价、管理者观察、专家咨询等。另一种记录教学效能的方式，更多地取决于学生课程体验的结果（如学生学习成果评估）而非各种评论意见。

本章的目的是帮助教师更好地认识和评价自己的教学绩效。我们整合了关于教学效能的自评性 SoTL 研究，以探寻一种更加细致的教师绩效评价路径。我们探讨了一些基于SoTL 研究的策略，旨在帮助教师更准确地评估自己的课堂表现，利用证据和观点证明自己的教学质量以影响教师考核结果（如聘任、晋升、加薪）。我们认为，教师需要更加主动地从自己的专业经历出发来建构意义，更加积极地使用自我评估。最后，我们梳理了一些值得未来以教师绩效为关注点的 SoTL 研究关注的方向。

教学中的自评挑战

自我评估（self-assessment），有人将其界定为"一个基于现有标准对个人表现进行观察、分析、判断，同时探求绩效提升方法的过程"。此类评估活动要求教师基于可用的评估标准，对自己的教学绩效进行观察与评价。评价标准主要有两种来源，即教师所在的院系和更大范围的学校层面。在理想状态下，教师应当在每一发展阶段都有明确、可达成、可理解的标准的情况下开始自己的教学生涯。当然在这里我们的重点不是讨论教师评价的过程、数量，抑或是如何应对教学评价，我们要做的是考察教师在反思自己教学绩效时所面临的挑战。邓恩等人曾经强调说，自我评估强调经过良好训练的自我管理（self-regulation）能力与自我反思（self-reflection）能力。

因为有关自我评估的文献有很多，而且涉及心理学学科的诸多子领域，所以我们只考察了高度相关的那些观察。有人曾讨论过一个"过度的积极自我评价会产生自适应值"的实例，有关"过高地评价自我教学绩效"这一倾向的研究也有很多。如果评价的焦点不具有针对性，自我评估可能就会有问题，因为人们总是倾向于认为自己"在一般水准以上"，无论考察的维度是什么，包括教学在内。人们对自我判断的准确性有一种莫名的自信，在完成一项有最后期限规定的任务时也经常是表现得过于乐观。有研究指出，自我评估的结果与能力之间的相关系数最多是"中低水平"。

除了缺乏自知之明，我们客观地比较自我与他人的能力也是有限的。相关研究指出，在比较自己与他人的绩效时，人们总是相对容易地忽视他人的成功之处。自评者也往往会基于有选择的、奉承的反馈意见得出有失公允的结论。可能更糟糕的是，人们通常还会认为自己的自评结果比同伴的自评结果更加公正。

邓恩等人认为，有两种心理机制会导致这种偏颇的自评：缺乏有助于实现准确自评的信息；虽然拥有有用信息，但有容易忽略或轻视它的倾向。他们还指出，来自组织的反馈之所以没有帮助，是因为这些反馈频率不够高，被视作威胁，管理者粉饰，错过最佳时间。

在学术界，教师确实缺乏有助于他们准确做出比较判断的数据。除非他们愿意花时间阅读同事的简历，或刚好在评价委员会任职，否则教师很难全面了解其同事的工作与成就。此外，个人评价是典型的私密性事务。这些因素都会使个体与他人进行可能的客观比较的任何努力变得复杂化。

提升自评能力的策略

为了应对这些挑战，大学教师应当如何提升其自评能力呢？目前，关于在自我评估过程中如何恰当表现的研究还很少。不过，作为自评者，教师可以从明确关于自己的已知和未知开始着手，两者之间的平衡可能会有助于改善自己的处境。教师应当更加开放地面对同行反馈，尤其是来自管理者的反馈。

除了建设性的同行评论，还可以通过绩效标杆（performance benchmark）来改进自我评价。教师可以根据一个自己可以接受的标杆来评价自己所开发的课程内容。例如，院校可以针对构成有效教学大纲的元素发布一套标准。从某种程度上说，如果教师的教学大纲能够很好地回应标准当中所涵盖的要素，那么教学大纲也可以作为一种能够帮助教师达到或超过学校标杆的有效的教学工具。

教学档案袋

自评能力的提升有助于使教师成为更具反思性的从业者，他们可以基于自己的职业经历不断地进行专业的分析，并从中提取和学到更多的意义。基于这一原则，教学档案袋（teaching portfolio）已经逐渐成为一种受欢迎的提升教学效能的手段。教学效能的证据包括教学评价、批判性评论、评估结果，以及其他一些绩效指标。教学档案袋中最重要的元素可能是自我分析，它可以将所有证据进行整合，为教学质量提供有力的辩护。反思型教师一般会不断地考察自己在课堂中的努力，以明确何种方法对学生是最有帮助的，当然他们同时也清楚地知道"教无定法"。反思也包括如何正确地理解学生的评教。

学生反馈的作用

将学生评教作为考察教学质量的做法已经非常普遍，关于这一做法的效果与效力也有各种各样的观点。虽然有争议，但学生评教仍然是教学效能评价的基本方式。此外，一些致力于教学绩效评价的社交网络的出现，如"给我们的教授打个分"（Rate My Professors），又进一步强化了使用学生评教的相关实践。有研究指出，"Rate My Professors"的评价结果与院校中正式的学生评价结果存在强相关关系。

学生评教的反对者提出了很多反对意见。在学生评教研究（Student Evaluation of Teaching, SET）的相关文献中，早期的一个主题是"教师可能会为了获得更好的评价结果而降低其标准"。然而，相关的荟萃分析显示这种可能性非常小。而且，好的学生评教结果反映得更多的其实是教师个人的受欢迎程度，而非教学效能。

虽然学生评教提供了一个关于教师绩效的视角，但学生反馈并不必然地提供关于学习的有力证据。最近的一项对照研究发现，在学生给出的课程评价分数与他们的学习收获（基于前测与后测的对比）之间，存在着虽然小但仍具有统计学意义的相关关系。什么的影响最大？排在前三的影响预测因子是"教师是清晰与可理解的""补充材料能够提供有用信息"（如电影、幻灯片、客座讲座、网页等）与"作为一场学习经历，整个课程是优秀的"。有趣的是，排在最后的预测因子包括"教学大纲清晰地阐述了课程结构""考试反映了课程内容""教师尊重学生"。而且，学生在反思课程体验时往往并没有将他们的课程评价结果考虑在内。例如，学生可能会在评教时抱怨一位教授的学生评价标准过于严苛，但却在之后的日子里发现当初的严苛对他们的学习是非常有益的。有的学校甚至将这种"事后分析"放进了写给校友的信件中，因为事后分析与"现场"课程评价的影响是不同的。

格林瓦尔德是学生评教的拥趸，他认为有足够的源自多种渠道的证据表明我们有必要继续在评价教学时纳入学生的观点。虽然学生的评价可能会受到非教学质量因素的影响，但这类偏见的效应量几乎是可以忽略不计的。麦基奇也认为学生评教结果与学生学习成绩之间在逻辑上存在着相关关系，因为学得好的学生有资格对教学如何帮助了他们的学习给出评论。他还主张不能将学生评教作为考察教学效能的唯一手段，也明确反对基于平均的学生评教结果生成总体的教学效能排名。

在线课程传输也给在教学质量评价中纳入学生观点带来了额外的挑战。帕雷特曾经总结了在线课程的几大优势，包括可以通过对在线提交（传统上本来应该是纸质版本的评价）的学生评价进行直接转录，实现对教学效果的快速评价，从而节省课堂时间。在消极方面，在线评价系统可能会降低答复率，增大对低分学生所提供的反馈的有效性的担忧，有23%的获得 D 等与 F 等成绩的学生可能不会提交在线评价。他们还发现，相比选修或其他课程，主修课程的学生回复率要高 6 个百分点。

此外，缺乏对评价过程的行政管理，也可能会给评价结果带来消极影响。例如，学生在两周之内需要在线提交对所有课程的评价，这可能会导致评价结果的混乱，还有一些考试成绩不理想的学生可能在时限快结束时才提交评价。如果一学期内学校要求学生填写的在线调查过多，还可能会导致学生的"调查倦怠（survey fatigue）"。虽然面临这么多的困难，但很多院校仍然在尝试推广在线评价系统。

哪怕是最优秀的教授也曾经受到过学生评教的意外伤害，在意识到最优秀的教授也会受到苛刻评价之后，教师或许可以感到一丝欣慰了。然而，基于针对教师绩效的 SoTL 研究的结论，我们建议可以通过下述策略来应对学生评教，以避免任何随之而来的不利后果。

1. 认真阅读和理解学生反馈。不要只关注消极的评论，同时也要关注对课程设计与实施表示认可的反馈。如果一群学生或整个班级都有比较集中的意见（如教授在课堂之外似乎很难接近），此时就需要给予特别的注意、接受、承认和应对了。同样地，他们代表了"理想"难度或挑战，有助于生成适当的动力，以制订合理的行动计划与促成适当的专业发展。

2. 将反馈与同行绩效相比较。如果可以看到院系的平均评教分数，教师就可以看到院系管理者用以考察整个院系教学绩效的比较数据。这种常模性数据有助于教师决定是要忽略评价结果还是要对此做出必要的解释。如果院校不提供数字评分，那么仔细阅读有相似教学任务且愿意互相帮助的同事所给予的叙事性评论也是会有用的。

3. 详述情有可原的特殊情况。指出任何可能导致学生负面评价的特殊情况。例如，由于天气或紧急安全情况导致的课堂时间流失，有时也会让学生变得暴躁。源自教授个人问题对课堂的影响，可能只有通过事后的说明才能够得以澄清。

4. 限制范围。一个有用的策略是，意识到任何一组学生中都有可能包含反应风格极端消极或积极的人。因此，有时需要通过去掉最高与最低的 10% 的评教结果，以得到关于教学绩效更加合理的认知。然而，教师能否通过这样的办法来控制反应偏差，需要有管理者的明确和认可。

5. 考察情境因素。学生评教的文献很重视可能会带来有利或不利影响的潜在变量。例如，一般而言，人文学科的学生评教结果通常会比自然科学学科的更高。其他的影响因素包括班级规模（无论是否由学校认定或学生认为是选修课）、年级（如高年级、低年级）等。

6. 避免因追求认可而降低标准。虽然关于这一点，相关文献有争议，仍然有许多教师倾向于认为学生评教结果好的教师是分数膨胀（grade inflation）的始作俑者。在一个（可以通过评价数据分析出来的是）充斥着娱乐而非学习的课堂中，学生评教中的主观评价（例如"这门课太有趣了，我根本就没有努力学习的感觉"）的确印证了这一点。我们建议学生评教结果好的教师首先通过提供关于高标准和严要求、合理的分数判定的证据，或者其他来自学习目标评估的证据，来消除人们对分数疑虑的嫌疑。就这一点而言，SoTL 活动可以帮助阐释数字评分的意蕴。

7. 勇于应对消极的评论与数字。可以通过教师在多大程度上成功地或不成功地应对学生的抱怨而判断他的教师顺应力（faculty resilience）。通过对导致意外的学生评价的原因进行推测，管理者能够掌握更加全面的数据。有一些消极的评论可能仅仅与教学的情境相关，而且也可以很容易矫正。

8. 抢先获取和应对负面反馈。许多教师都会将正式的"期中评价"（Midsemester Evaluation, MSE）作为一个惯例。在课堂上抽出一部分时间，用于开展针对"什么是有效的或不怎么有效的"讨论或书面调查，此时教授向学生传达一种信号，即他或她关于优化课程的观点确实是有意义的。当教授采取实在的举措以应对学生关心的问题时，这样的投入在正式的总结性评价中也会有所反映。目前，尚没有关于强化期中评价积极作用的经验研究的报告出版，然而，有一些院校（如加州大学伯克利分校、普林斯顿大学）已经将期中评价作为一种校方向教师提供的、正式的教学辅助手段。

学生反馈是有效了解其知识水平与学习热情的重要指针，同时也会提供关于创造性教学的信息，而这两者又都是有效教学的重要指针。然而，在教师自评时应当审慎使用学生评教信息，教师应当结合个人的教学哲学与教学情境，更多关注那些在学生评教中经常出现的一致性趋势（如语速过快、结构不清）。

正如在人力资源的相关文献中所指出的那样，管理者在绩效评价时总是倾向于过分看重负面信息，从而导致否定性偏见的出现。如此，我们建议被评价者应当采取措施，如在使用合理证据的同时绕开学生评教，为自己的教学质量进行有说服力的辩护。

绕开学生评教

虽然各院校关于教学效能评价的时间安排和评价标准各不相同，但大多数高校对教师绩效的评价都是采用年度评价的方式，涉及多种证据来源以保证得到下述几项结果：（1）确保教师收到适当的反馈；（2）在绩效低于校本标准时进行干预；（3）促进高水平绩效的评定与奖励；（4）提供一些有助于了解院系整体运行状态的指标。年度评价的形式可以是相当规范的，包括正式的评估，无论教师是否即将面临对其利害攸关的评价（如聘任）；也可以是非正式的，只需要在被评人与管理者之间进行为数不多的论文流转。除了关于学生评教的叙事性总结，年度评价还可以包括来自同行的评论意见，或者关于专业性活动的临时观察与评价，甚至还会有年度报告负责人对被评人的评价意见。

为教学效能组织证据应当是有选择性的和策略性的。遗憾的是，许多教师都受到"越多越好"这一信条的影响，他们恨不能把所有可能与教学质量相关的材料都放进去，反而不经意地导致负面评价结果的出现。当然，教师应当熟悉本校、本院的规则，例如在有些学校，评价者希望收到任何或所有相关的信息，而且会因为自己主动要被评价者提交其他信息而恼怒，而在另一些学校里，评价者可能信奉的是"少而精"原则。评价材料中还可以纳入以下一些有助于证明教学优秀的内容：

1. 教学方面的提名、奖励，或其他外部认可。即使你最终并没有获得"最佳"的称号，但某一教学奖的提名也可以提交给评审人，以佐证你的教学成就。同事向你索取某一创新课程教学大纲的请求，也可以作为证明教学成就的材料。

2. 同行评价。不论是由管理者安排的，还是由被评价人专门准备的，同行评价都可以作为教学质量的有力证据。一份结构化的同行评价意见可以证明教学者致力于教学质量的提升，也可能有助于教学者确立未来的奋斗目标。选择一些本学科以外的人，有助于让同行评审人更直接地关注不同教学策略的作用而不是纠结于本学科的一些细枝末节。与本校专门从事教师发展工作的同事沟通，可能会得到高质量的反馈，因为他们在应用评价标准和给予有效反馈方面有非常丰富的经验。直接模仿一份更加标准化的模板（如教师行为清单），使用全国通行的方法作为标杆，开展同行评价等也都是不错的选择。

3. 有效教学范例。许多院校都开始意识到从更加被动的教学向更加主动的教学（学生会更加积极地学习和参与）转变的重要性。选择一或两个范例，用于说明教学者教学哲学的关键点，可以展现教学者基于适当风险促进学生学习的决心。范例可以是一份精心撰写的全面的教学大纲，可以是能够清晰反映大纲中所要求的学生成果的模范的学生作业，还可以是有坚实评估数据支撑且能够证明学习收获的其他材料。另一个数据来源可能包括如何帮助学生为后续课程做好准备的证言，尤其是当这些收获与教学者的努力有直接关系的时候。

4. 使用嵌入式评估以阐明效能。教师可能愿意选择一个更适合本院系实际的学习成果指标作为依据，而且随后可以利用相关的评估结果以争取理想的评教结果。将成果与学生学习相连接，能够帮助教师确定学生是否有学习，或者明确需要改进的方面。进一步地，嵌入式评估有助于评审人通过批判性地分析发现谁表现优异，谁表现一般，谁从未有实质的能力提升。

5. 参加专业发展活动。除了列出具体的发展事项，教师还可以好好介绍自己在教学实践方面的一些变化，以表明他们参与教学活动情况有所改善。例如，参加校内举办的关于信息技术的学术报告会，以帮助自己在布置作业时更好地使用数据传输技术，反映了教师对不断进步的追求。如果有更加详细地描述参加专业发展活动如何影响了自己的教学目标的实例，将会更大程度地发挥这一策略的效用。

6. 与学生支持性互动的证据。学生对一堂好课的感谢的常规表达几乎不会有什么特别的作用。另一方面，能够明确证明教学者不遗余力地促进最优学习成果的、来自学生或同事的信件或电子邮件可能会提供有价值的信息。工作职责中涉及非直接接触形式的教学（如研究的建议、指导、监督）的教师应当提倡正式的评价形式，这样才能有助于抓住上述活动（的各个瞬间）中教学者做出的贡献。

7. 对风险责任的解释。有责任心的管理者应当考虑院系层面的一些安排确实给教师带来了额外的负担。例如，尽管相关内容对于学生专业学习的发展至关重要（如研究方法），但他们仍然会觉得某些课程的内容太难，因此产生课程负担，对于教师而言这是一种风险责任。在紧急情况（如某个同事生病）下接受某个班级的教学任务，可能也会带来风险责任。

如果被评者与管理者对评价结论有分歧，学校通常会有专门的辩驳程序，同时学校组织架构中更高层的管理者也有可能会推翻之前的结论。然而，在确定选择这一方式之前，教师应当意识到评价者本人对待绩效评价是认真严肃的。在正式申诉之前，教师应当要求与管理者会面，以确保不满意的评价结论有明确的基础。除非其他的考虑有很大的可能性会改变判断结果，更聪明或更实际的做法可能是，在辩驳中不要摆出咄咄逼人的姿态，而将精力放在证明管理者所质疑的点很难在下一学期有所改变。

聘任与晋升中的自评优化策略

聘任与晋升对于教师而言都是意义重大的事项。一项关于聘任的决定，代表着来自院校的职业承诺，同时也具有十分重大的经济意义。例如，教职的获得，对于心理学教授而言，意味着一辈子可以获得平均约 300 万美元的薪水。高等院校总是有一套非常复杂的聘任与晋升评审办法，尤其是令人不快的决策可能会带来诉讼或申诉。评价过程应当能够反映学校的使命与价值，但在不同的院校，达成决策的难易程度却有很大差异。被评人可以通过如下一些策略来提升与自己利益攸关的人事决策的成功可能性。

1. 从成功者处寻求专家建议。与管理者一起确定一个最近获得评审委员会好评的被评人的材料。向该同事询问所使用的策略，借鉴其成功的框架。考虑与在评审方面有成功经验的同事建立帮带关系。

2. 吸纳意见。个人材料评审小组总结了一些组织性较差的评审材料中常见的问题，包括字迹模糊、关键信息缺失（如院系层面的聘任投票结果）、文不对题，甚至顺序颠倒。回顾说明，核对附件，先找一位有经验的同事做批判性的预评，这些措施都大大有助于扭转因评审材料准备不够充分而产生的负面印象。

3. 让档案便于阅评。没有精心挑选或组织的材料会带来大量的冗余信息。被评人的目标应当是形成一份能够获取好评的最精简有效的材料，便于提高评阅的效率。根据这些原则，应避免使用塑料纸封面，因为这不便于评审人翻阅，而且有些评审人出于环保方面的考量，并不喜欢过度或不必要的塑料使用。

4. 合理划分时间。有效的年度工作回顾有助于生成与个人利益攸关的有利决策。之前每一年所做的努力都可以为当前的材料准备工作提供基础数据。针对全年工作所做的系统的与扎实的总结，有助于评审人更加轻松地阅评。

5. 挑选客观的外部评审人。与被评人不同学科的评审人，不能很好地判断被评人是否取得了高质量的学术成果或者为学校做出了创造性的贡献。选择一位能够基于绩效评价标准提供客观支持的、德高望重的人，比选择来自一位教师个人周边比较随意的一封推荐信（如研究生导师、合著者），更有说服力。理想的人选应当是与被评人几乎没有私交，同时又对被评审人的学术领域非常了解的评审人。然而，还有一步也是必需的。标准超高的评审人有时会使用来自外部的信件来证明自己的优秀，而且是以牺牲被评人的利益为代价。因此，有必要通过一些社交网络机制，对评审人的公正性、客观性等先进行了解，以筛选出那些大家都比较熟悉的有负面偏见或难以合作的评审人。

6. 提供清晰的摘要与统计。面对聘任与晋升的被评人，应当根据评审人的需求提供材料。以表的形式呈现的，由管理者提供的被评人历年评价结论，有助于评审人快速地理解被评人的持续性成就或改进。此中，需要给出的已发表作品的具体数量，被评人也应当作一个归纳，同时着重标出有助于证明其卓越成就的部分。被评人可能还希望通过向评审人提供"引用索引"（citation indices）或其他能够阐明被评人的观点对相关研究产生了影响的数据，以证明其研究的影响力。

7. 针对不同背景的受众做准备。那些对于个人利益而言手握予夺大权的评审人所拥有的学科专长是不同的。统计信息，甚至包括标准偏差在内，将有助于证明个人在其所属学科的成就，而有针对性的轶事或个人反思对于人文学科的同事而言可能更有效。被评人应当意识到评审人与你的学科背景并不相同，因而应尽量避免术语、缩写词与其他只有自己同行才能看得懂的表达形式。被评人的解释，既要论证其成就的重要意义，同时又要避免表现出优越感。

8. 利用专业服务机会。专业服务有很多形式，同时也是表明一位教师在本院系之外获得认可的重要机制。尤其是在学术生涯的早期，教师应当尽量寻找并从事与个人专业背景相关的服务活动。有选择性与针对性，能够更准确地论证有特色的个人才能与贡献。为了最大限度地利用专业服务，被评人应当利用其承担的任务来锻炼领导能力。在从事专业服务的同时，还需要特意告知院系任何可能会对院系运行产生影响的信息。仅仅"坐在"（sitting on）某些委员会，并不足以证明被评人做出了什么实质性的贡献，而这种影响对理想的评审结果才是有意义的。

9. 正确应对政治。有的被评人在获得聘任之前所采取的一种策略就是不参加任何公共事务，因为这可能会为自己树敌，而这些人可能会推翻本来对被评人有利的决策。尽管这种避免涉入"工作政治"（workplace politics）的做法也不失为一种明智之举，但是教师（甚至尚未被聘任的）应当坚守自己的价值观，并遵从与这些价值观相符的决定。

10. 就问题点寻求建议。几年的工作经历中，教师会面临一些可能会生成不利于其获得理想评价的挑战。例如，一名教师可能会因为不恰当的玩笑或其他无礼的行为而被控"创设了不友好的课堂环境"。与管理者合作，以确定此类事件是否有可能影响评审意见。如果它们有可能会出现在评审材料中，被评人应提前做好防护；如果它们不大可能影响评审意见，聪明的做法是忽略，并坚信评审人会看重最突出的贡献。院校应当出台具体的管理规则，明确超出何种可靠程度的谣言或未经证实的数据是不能使用的。

11. 直接面对并解释严重的瑕疵和错误。评审委员会考察那些证明卓越表现的证据。在此背景下，那些并不完美的事件就会突显出来。任何有问题的元素，如不合规则的与糟糕的课堂评价，或者超出正常期限的学术工作，都需要被确认和解释。避免负面事件有时可能会被理解为粉饰或隐瞒，而这有时又会干扰评审人的注意力分配。

12. 优雅地辩驳。多数评审规则都会向教师提供一次辩驳不利决策的机会。如果评审人不能为自己的负面评价找到具体的据点，被评人可以申请澄清。被评人的院系领导可能是最佳人选。最有策略的辩驳是只针对评审人所指出的部分，而且一定不要超出这个范畴。被评人起草辩驳意见时应当采取的立场是：额外的信息能够证明之前的决定为什么需要被重新考虑或者被推翻。辩驳意见应当特别注意避免尖锐或焦虑的语气，尤其是在院系领导或其他掌权者也支持相关负面结论时。最好的情感立场是对不利的评审结果表达惊讶和困惑，同时温和地指出一些可能会让下一阶段的评审人推翻之前评审结论的重要信息。

相关最佳实践

本章中，我们提出有实质的自我评估程序能够为教师绩效提供有力证据。因为它有一点与学生评教结果不同，即学生评教结果会出现在更高层次或更大范围的评价程序中，我们建议教师以一种前瞻性的姿态来应对评价。仔细分析学生反馈有助于教师更有针对性地组织和展示相关信息。换言之，应当将量化的和质性的学生反馈与课程本身、独特的环境、教师本人的教学哲学等一起综合考虑。

我们还建议教师对教学效能进行额外的实证测量。通过 SoTL 收集学生学习的证据，参照本书第 1 章中所建议的最佳实践，有助于为个人教学效能提供起点更高的证据。各级教育都越来越重视学生学习方面的证据。教师可以围绕通过自己的努力直接使得学生掌握了课程内容的知识与相关技能，准备可以证明其教学效能的证据。其他关于教学效能的间接证据还有学生受到更大范围学术界的奖励与认可等。

最后，教学效能证据的准备与呈现都应当采用"评价体"（evaluative body）。不论评价是以个人（如系主任、院长）还是以集体（如委员会）的形式进行，教学效能都必须而且只能是准备充分的、展示清晰的、组织缜密的。我们主张教师精心组织证据，以保证所有的材料能够尽可能客观地证明其对学生学习所做的贡献。虽然有时可能是令人不快的，但我们也不应羞于分析自我的教学。据传，苏格拉底曾说过："浑浑噩噩的生活不值得过。"（The unexamined life is not worth living.）作为学者型教师（teacher-scholar），大学教师有得天独厚的优势，可以享受来自与自己的教学相关的客观性考试和自己的行为能够对学生的学习产生影响等所带来的乐趣。基于这些因素，表 8.1 梳理了如何针对评审者准备专业效能材料的最佳实践。

表 8.1 基于证据的建议

- 提供多种来源的有效教学证据，包括能够证明学生学习的部分。
- 讲述自己的故事，而不是简单地提供一份关于出版物、会员资格、所授课程的材料；在材料中纳入你的工作与成就（包括教学、服务、学术），以表明你的职业轨迹一直且将不断地服务于学校的目标。
- 对自己好的和并不那么好的表现都要保持诚实。评审者希望看到你对自己的成功与过错（以及应对策略）的全面反思。如果所提交材料引发了评审者关于"他或她对自己的表现是否有深刻的认识"的疑问，则会降低该材料获得积极性评价的可能性。
- 关注你的受众。这不仅包括学校层面关于如何组织和展示材料的指南与传统，也包括保证你的材料能够在不同学科的评审当中进行有效的交流。

对 SoTL 研究的启示

持续地进行自我评估的积极作用是本章的前提，而它又会为实证研究带来大量的机会。虽然教学效能的某些方面，如学生评教现象，已经受到许多研究的关注，但仍然有很多地方尚待进一步研究。表 8.2 列出了与学生评教相关的可能的新的研究方向。尽管有大量关于教学评价的 SoTL 研究，但是关于年度评价与聘任程序的却相当稀少。很多评审过程都还处于黑箱之中，然而，教师与管理者在组织和评判材料方面所花费的大量时间和精力，又表明它是一个值得 SoTL 关注的新方向。虽然这些高度个人化的评审过程可能很难细细地追问，但可能产出大量研究成果的大把好机会却值得我们给予重视和为之一搏。

表 8.2　未来研究的方向

- 匿名对生成准确与 / 或文明的学生答复有怎样的影响？
- 返回考试结果的时间与学生评教过程有怎样的关系？
- 如果学生常处于动机缺乏状态，如何评估并将之用于提升评价效度？
- 向公众开放教学评价数据是否有助于提升教师绩效？
- 个人变量，如年龄或热心，对学生评价有怎样的影响？
- 学生参差不齐的数字技术状况如何影响学生的观点？
- 期中评价对课程结束时的正式总结性评价有积极影响吗？
- 就与教师利益攸关的决策而言，评审委员会应在何种程度上谋求一致的结论？
- 不同类型的证据在年度评价判断中应赋予怎样的权重？
- 本学科之外的人能够对教师绩效做出可靠的判断吗？
- 什么策略有助于最大程度地降低评审材料中负面事件的影响？
- 在被信任的高利害决策中，违背道德的行为有多大的普遍性？
- 之前的成功（如绩效的好评）对获得持续的积极评价有怎样的影响？

参考文献

Adams, M. J. D., & Umbach, P. D. (2010, November). *Who doesn't respond and why? An analysis of nonresponse to online student evaluations of teaching*. Paper presented at the annual meeting of the Association for the Study of Higher Education, Indianapolis, IN.

Aleamoni, L. M. (1999). Student rating myths versus research facts from 1924 to 1998. *Journal of Personnel Evaluation in Education, 13*, 153-166. doi:10.1023/A:1008168421283

Barr, R. B., & Tagg, J. (1995, November/December). A new paradigm for undergraduate education. *Change, 27(6)*, 13-25.

Bernstein, D., Burnett, A. N., Goodburn, A., & Savory, P. (2006). *Making teaching and learning visible: Course portfolios and the peer review of teaching*. San Francisco, CA: Jossey-Bass.

Beyers, C. (2008). The hermeneutics of student evaluations. *College Teaching, 56*, 102-106. doi:10.3200/CTCH.56.2.102-106

Bjork, R. A. (1994). Institutional impediments to effective training. In D. Druckman & R. A. Bjork (Eds.), *Learning, remembering, believing: Enhancing human performance* (pp. 295-306). Washington, DC: National Academies Press.

Buehler, R., Griffin, D., & Ross, M. (1994). Exploring the "planning fallacy": Why people underestimate their task completion times. *Journal of Personality and Social Psychology, 67*, 366-381.

Centra, J. A. (1979). *Determining faculty effectiveness: Assessing teaching, research, and service for personnel decisions and improvement*. San Francisco, CA: Jossey-Bass.

Chism, N. V. (2007). *Peer review of teaching: A sourcebook*. Boston, MA: Anker.

Clayson, D. E., & Sheffet, M. J. (2006). Personality and the student evaluation of teaching. *Journal of Marketing Education, 28*, 149-160. doi:10.1177/0273475306288402

Colardarci, T., & Kornfield, I. (2007, May). RateMyProfessors.com versus formal in-class student evaluations of teaching. *Practical Assessment, Research & Evaluation, 12 (6)*. Retrieved from http://pareonline.net/pdf/v12n6.pdf

Cross, P. K. (1977). Not can, but will college teaching be improved? *New Directions for Higher Education, 1977 (17)*, 1-15. doi:10.1002/he.36919771703

Dunn, D. S., McCarthy, M. A., Baker, S. C., & Halonen, J. S. (2011). *Using quality benchmarks for assessing and developing undergraduate programs*. San Francisco, CA: Jossey-Bass.

Dunn, D. S., McCarthy, M. A., Baker, S. C., Halonen, J. S., & Boyer, S. (2011). Understanding faculty reluctance as reactance and opportunity for persuasion: A social psychology of assessment. In D. Mashek & E. Y. Hammer (Eds.), *Empirical research in teaching and learning: Contributions from social psychology* (pp. 143-159). New York, NY: Wiley.

Dunn, D. S., McCarthy, M., Baker, S., Halonen, J. S., & Hill, G. W., IV. (2007). Quality benchmarks in undergraduate psychology programs. *American Psychologist, 62*, 650-670. doi:10.1037/0003-066X.62.7.650

Dunn, D. S., McEntarffer, R., & Halonen, J. S. (2004). Empowering psychology students through self-assessment. In D. S. Dunn, C. M. Mehrotra, & J. S. Halonen (Eds.), *Measuring up: Educational assessment challenges and practices for psychology* (pp. 171-186). Washington, DC: American

Psychological Association. doi:10.1037/10807-000

Dunning, D., Heath, C., & Suls, J. (2004). Flaws in self-assessment: Implications for health, education, and the workplace. *Psychological Sciences in the Public Interest, 5*, 69-106. doi:10.1111/j.1529-1006.2004.00018.x

Eckert, J. M., & Dabrowski, J. (2010). Should value-added measures be used for performance pay? *Phi Delta Kappan, 91(8)*, 88-92.

Germain, M., & Scandura, T. A. (2005). Grade inflation and student individual differences as systematic bias in faculty evaluations. *Journal of Instructional Psychology, 32*, 58-67.

Glenn, D. (2010, December 19). 2 studies shed new light on the meaning of course evaluations. *The Chronicle of Higher Education.* Retrieved from http://chronicle. com/article/2-Studies-Shed-New-Light-on/125745/

Greenwald, A. (1997). Validity concerns and usefulness of student ratings on instruction. *American Psychologist, 103*, 1182-1186.

Gurung, R. A. R., & Schwartz, E. (2009). *Optimizing teaching and learning: Pedagogical research in practice.* Malden, MA: Blackwell.

Ito, T. A., Larsen, J. T., Smith, N. K., & Cacioppo, J. J. (1998). Negative information weighs more heavily on the brain: The negativity bias in evaluation categories. *Journal of Personality and Social Psychology, 75*, 887-900. doi:10.1037/0022-3514. 75.4.887

Johns, C. (2009). *Becoming a reflective practitioner* (3rd ed.). Malden, MA: Wiley-Blackwell.

Keeley, J., Smith, D., & Buskist, W. (2006). The Teacher Behaviors Checklist: Factor analysis of its utility for evaluating teaching. *Teaching of Psychology, 33*, 84-91. doi:10.1207/s15328023top3302_1

Loacker, G. (2000). *Self-assessment at Alverno College.* Milwaukee, WI: Alverno College Institute.

Marks, M., Fairris, D. H., & Beleche, T. (2010). *Do course evaluations reflect student learning? Evidence from a pre-test/post-test setting.* Unpublished working paper, University of California, Riverside.

McCarthy, M. A., Niederjohn, D., & Bosack, T. (2011). Embedded assessment: A measure of student learning and teaching effectiveness. *Teaching of Psychology, 38(2)*, 78-82.

McKeachie, W. J. (1997). Student ratings: The validity of use. American Psychologist, *52*, 1218-1225. doi:10.1037/0003-066X.52.11.1218

Middaugh, M. F. (2001). *Understanding faculty productivity: Standards and benchmarks for colleges and universities.* San Francisco, CA: Jossey-Bass.

National Research Council. (2003). *Evaluating and improving undergraduate teaching in science technology, engineering, and mathematics.* Washington, DC: National Academies Press.

Pallett, W. (2006). Uses and abuses of student ratings. In P. Seldin (Ed.), *Evaluating aculty performance: A practical guide to assessing teaching, research and service* (pp. 50-65). Bolton, MA: Anker.

Pedhazur, E. J., & Schmelkin, L. P. (1991). *Measurement, design, and analysis: An integrated approach*. Hillsdale, NJ: Erlbaum.

Pronin, E., Lin, D. Y., & Ross, L. (2002). The bias blind spot: Perceptions of bias in self versus others. *Personality and Social Psychology Bulletin, 28*, 369-381. doi:10.1177/0146167202286008

Pusateri, T. P. (2012). Teaching ethically: Ongoing improvement, collaboration, and academic freedom. In R. E. Landrum & M. A. McCarthy (Eds.), *Teaching ethically: Challenges and opportunities* (pp. 9-19). Washington, DC: American Psychological Association.

Rosofsky, I. (2010, April 27). The cop beats the professor— (when it comes to a career) [Blog post]. Retrieved from http://www.psychologytoday.com/blog/adventures-in-old-age/201004/the-cop-beats-the-professor-when-it-comescareer

Schön, D. A. (1995). *The reflective practitioner: How professionals think in action*. San Francisco, CA: Jossey-Bass.

Seldin, P. (2004). *The teaching portfolio: A practical guide to improved performance and promotion/tenure decisions* (3rd ed.). Bolton, MA: Anker.

Seldin, P., & Miller, J. E. (2009). *The academic portfolio: A practical guide to documenting teaching, research, and service*. San Francisco, CA: Jossey-Bass.

Svinicki, M., & McKeachie, W. J. (2011). *McKeachie's teaching tips: Strategies, research, and theory for college and university teachers* (13th ed.). Belmont, CA: Wadsworth.

Taylor, S. E., & Brown, J. D. (1994). Positive illusions and well-being revisited: Separating fact from fiction. *Psychological Bulletin, 116*, 21-27. doi:10.1037/0033-2909.116.1.21

Weinstein, N. D. (1980). Unrealistic optimism about future life events. *Journal of Personality and Social Psychology, 39*, 806-820.

Zubizarreta, J. (2009). *The learning portfolio: Reflective practice for improving student learning*. San Francisco, CA: Jossey-Bass.

译后记

我与"循证"（Evidence-based）结缘始于撰写博士学位论文期间。彼时的研究主题是高等学校的"决策咨询"，从"循证决策咨询"的角度探讨高等学校内部诸如高等教育研究所、发展规划处等职能部门如何更为科学、有效地为学校领导层提供决策咨询。从事教师教学发展工作以后，在彭静教授的启发下，我尝试从决策的角度去理解高校教师的教学，进而思考从循证的视角来考察教师的教学决策。2016年赴台湾大学教学发展中心参加FDW（Facilitator Development Workshop）教学发展高级研修期间，适逢台大教发中心举办"椰林讲坛"二十周年论坛，有幸在现场聆听了美国马萨诸塞大学阿默斯特分校教学中心前主任索契内利（Mary Deane Sorcinelli）教授的演讲，她提及循证教学，并推荐了《高等教育循证教学》（Evidence-Based Teaching for Higher Education）。2018年在讨论酝酿译丛的时候，我首先想到了这本著作，并主动提出愿意尝试承担其翻译工作，就这样与这本书结下了更深的不解之缘。

教学实际上涉及"教"与"学"两个方面，近年来"以学习者为中心"的教学范式席卷全球，无论是一线教师还是教发工作者都开始更为关注从"学习"的角度去看待、思考教学理论与实践。"最佳学习，即最深入、最有意义、持续时间最长的学习形式，源于学习者以某种方式积极地参与学习过程之中。"《高等教育循证教学》正是基于此种理念，从学习的角度出发，认为学生的积极、主动参与对于有效教学与学习的任何方面或所有方面都具有至关重要的意义。本书的编著者并不试图提出新的教学理论，而是尝试梳理近二十年来"教与学的学术"（Scholarship of Teaching and Learning, SoTL）领域的优秀成果，并将之作为理解和指导"循证教学"（Evidence-Based Teaching）的证据，坚持实践导向、问题导向的定位，以广大一线教师和教发工作者为目标受众。

与大多数关于"如何教学"的书籍相比，本书不仅会告诉读者有哪些具体的教学方法、如何使用它们，更会阐释这些方法对于促进学生学习的功用。这样做的目的，除了在讲明做什么、怎么做的基础上还要阐明为什么以外，作者还有另外一层期望，即鼓励教师成为"教学学术人"（Teaching Scholar），期望他们能够以证据为基础进行教学决策，如教学方法、工具的选择，教学过程、结果的评估等。从内容角度而言，本书每一章讨论的都是教学中的关键问题，如和谐师生关系的营造与维系、新媒体技术应用的最佳实践、在线课程的设计与实施、学习策略与教材遴选、教学效能评价与反馈等等。相信每一位读者都可以在其中找到自己当前正在面临的问题或者正在思考的方向，可以找到问题的解决方法，可以找到问题的思考切口，抑或是情感的共鸣、思维的碰撞。

  译著能够得以顺利面世，凝结了很多人的心血。离不开译丛主编彭静教授的高瞻远瞩和悉心指导，离不开重庆大学教师教学发展中心及黄璐主任的统筹协调和大力支持，离不开重庆大学出版社贾曼、陈曦几位专业出版人的精心组织和周密安排。本着奇文共赏的初心，译者不辞菲薄尝试了本书的翻译，未敢言"雅"，力求"信""达"，囿于学识、水平等，难免失当，恳请批、评，期待论、正。

刘皓

2021 年 6 月